Tasty
Lutefisk
Publishing

ANCHORAGE, ALASKA

BLUT PISSE
UND
JUBEL

ALASKA

*Selten bekommt ein Mann
die Gelegenheit, seinen Traum zu leben.*

Kristian H. Erickson

Tasty
Lutefisk
Publishing

ANCHORAGE, ALASKA

Druckversion ISBN: 978-1-7358135-4-7

Diese deutsche Ausgabe erstellt vom Autor mit freundlicher Hilfe von Seraina Schöpfer, Zürich, Schweiz, und Ursula Ewald, Radeberg, Deutschland

Cover-Foto mit freundlicher Genehmigung von Paxson Woebler, Anchorage, Alaska (https://winterbear.com/photography/) Creative Commons BY 2.0 (https://creativecommons.org/licenses/by/2.0)

Cover-Design und Formatierung des Inhalts mit freundlicher Genehmigung von Marc Heriot, Marana, Arizona

Fotos vom Autor und den Zeichnungen mit freundlicher Genehmigung von Matt Faubion, Anchorage, Alaska

Kristian Erickson verwendete für die Zeichnungen Stifte und Tombow-Pinsel.

Notiz zum Gebrauch des Wortes „Eskimos" in diesem Buch:
Im Gegensatz zu Kanada ist in Alaska die Pluralform „Eskimos" der korrekte Gruppenname der einheimischen Stämme, die im Westen und Norden Alaskas seit mehr als 10.000 Jahren leben. Das Wort Eskimo wird im normalen Gespräch gebraucht. Das große Yup'ik-Englisch Wörterbuch in meinem Regal heißt „Stephen A. Jacobson, Yup'ik Eskimo Dictionary". —Kristian Erickson

Inhalt

Liebe Leserin, lieber Leser,

In meinem Buch „French Kissing in an American Cult" habe ich von meinem Ausstieg aus einer Führungsrolle in einer riesigen, strengen Pfingst-Sekte erzählt. In den letzten Kapiteln wurde deutlich, dass meine Seelenruhe unverletzt geblieben war, und alles wieder gut wurde. Damals versprach ich Ihnen, dass das nächste Buch anders sein würde. „Blut Pisse & Jubel ALASKA" ist eine Sammlung von Geschichten, die eine breitere Zeitspanne abdecken, von meinen frühen Jahren im Bergsteigen in der Wildnis im westlichen Teil des Bundesstaates Washington, und von meinen Erfahrungen als Notfall-Ersthelfer und Sanitäter bis zu meinen späteren Abenteuern als ein vom Staate Alaska zugelassener Schadensregulierer in einem Land, das eng mit dem Erbe meiner Vorfahren verbunden ist, und in dem ich schon immer leben wollte: Alaska.

Im Jahr 1988 wurde ich von der in Seattle ansässigen PEMCO Insurance Company eingestellt. Dort begann mein Wiedereinstieg in die Mainstream-Gesellschaft, nachdem der Wahnsinn der Sekte endlich hinter mir lag. Ich war schon einige Monate im Job, als mir eine Personalverantwortliche von den schwierigen Beratungen erzählte, die meiner Einstellung vorausgegangen waren. Ich sei der beste Kandidat für die Stelle gewesen, sagte sie, aber der Einstellungsausschuss habe sich über meinen Lebenslauf gestritten.

Die „Community Chapel and Bible Training Center", eine riesige Pfingstkirche (im Amerikanischen als „Mega-Church" bezeichnet), in der ich 19 Jahre lang als Chefredakteur im Verlag und als allgemeiner Kommunikationsdirektor gearbeitet hatte, war in der Boulevardpresse ein heißes Thema, und es erschienen regelmäßig große Geschichten in Zeitungen und im Fernsehen. Die Personalreferentin erzählte mir, dass eine Kollegin sich für mich eingesetzt habe: „Denken Sie daran, dass die Leute in der Sekte Herrn Erickson gefeuert haben". Ich war dieser unbekannten Person sehr dankbar, denn sie war wahrscheinlich der Grund, warum ich den Job bekommen habe. Doch nachdem ich so viel Arbeit in meinen Lebenslauf gesteckt hatte, war es demütigend daran zu denken, dass mein größter Vorteil die Tatsache war, dass ich entlassen worden war.

Das Leben hat mir keinen Mangel an Stoff zum Schreiben geboten, und ich hoffe, dass auch Sie in den folgenden Geschichten ermutigende Inspiration und erlösende Ironie finden werden.

Kristian H. Erickson
im Frühjahr 2024

Anchorage, Alaska

Erster Teil

Ayagneq

Yup'ik-Eskimo-Sprache,
Bedeutung: Der Anfang

*Windgepeitschte Sitka-Fichten auf Mitkof Island, oberhalb der
Seestraße namens Wrangell Narrows. Mitkof Island ist eine große
Insel im Alexanderarchipel, der zur Südostküste Alaskas gehört.*

Kapitel 1

Muktuk-Büffet

Der Donnerstag, 21. Dezember 1995, war mein letzter Arbeitstag bei der PEMCO Insurance Company in Seattle. Über sieben Jahre lang hatte ich mein Bestes gegeben und gleichzeitig Qualifikationen gesammelt, die mich für einen zukünftigen Arbeitgeber in Alaska attraktiv machen würden.

In der Subrogation/Legal-Abteilung von PEMCO war es Tradition, wenn jemand in den Ruhestand ging oder das Unternehmen anderweitig in gutem Einvernehmen verließ, ein Abschiedsessen im nahegelegenen Restaurant oben auf dem Space Needle, dem weltbekannten Wahrzeichen

3

Seattles, zu veranstalten. Da ich das jedoch für zu prot-
zig hielt, bat ich stattdessen um ein internes Potluck, eine
gemeinsame Mahlzeit, zu der jeder etwas mitbringt. Jeder
im Subrogation konnte sein Lieblingsgericht mit ins Büro
bringen, um den ganzen Tag zu naschen. Ich sagte der Abteilung, dass ich auch etwas Besonderes mitbringen würde.

Am Tag des Potlucks hatte die Gebäudeverwaltung zwei mit
Leinen bespannte Tische und eine Reihe von Steckdosen
neben unseren Bürokabinen aufgestellt. Schnell erschienen
Schüsseln mit Spaghetti und schwedischen Fleischbäll-
chen, Lasagne und grünen Salaten, ergänzt durch Kekse
und Kuchen. Auf der Ecke eines Tisches lag ein Geschenk
für mich: ein gebundenes Exemplar von Toynbees „A Study
of History". Auf dem Vorsatzblatt hatte mein Subrogation-
Kollege Robert Korman diese Widmung geschrieben: „Selten bekommt ein Mann die Gelegenheit, seinen Traum zu
leben".

Mit jedem Besuch in Alaska in den vergangenen Jahren
hatte sich mein Entschluss, nach Norden zu ziehen, weiter gefestigt. Eine meiner schönsten Erinnerungen ist ein
Urlaub mit meinem Sohn Evan, um Zugvögel in der Nähe
von Nome zu beobachten. Dort fragte ich eine liebe Inupi-
aq-Eskimo-Frau, die den Olson Air Service leitete, ob sie
mir helfen könne, ein paar Pfund Muktuk zu finden. Sie
sagte, sie habe etwas in ihrer Tiefkühltruhe, und die Platte
stamme von einer kürzlich erfolgten Waljagd in Savoonga
auf St. Lawrence Island. Ich ging zu Nomes einzigem Supermarkt, der Alaska Commercial Company, und kaufte eine
kleine, isolierte Kühlbox für die Rückreise nach Seattle.

Muktuk (oder Mangtak auf Yugtun, die Yup'ik Sprache) sind die ersten vier bis fünf Zentimeter der Walhaut und des Blubbers (Walfetts), die am häufigsten vom Grönlandwal, den die Yup'ik Eskimos „Arveq" nennen, geerntet werden. Die Haut sieht ähnlich aus wie der Neoprenanzug eines Tauchers, nur viel dicker. Wie man erwarten kann, ist sie zäh, gummiartig und größtenteils geschmacksneutral, obwohl das Blubber darunter süß ist. Muktuk ist ein Festessen der Yup'ik und Inupiat im Westen und Norden Alaskas, daher schien es für meinen letzten Tag bei PEMCO angemessen. Es wird roh gegessen, normalerweise in Quadrate oder Streifen geschnitten.

Am Tag vor meinem Abschieds-Potluck holte ich den Muktuk aus der Tiefkühltruhe und holte die riesige Kristallplatte meiner baldigen Ex-Frau heraus. Ich wachte früh auf, um den Muktuk in Würfel zu schneiden, die ich dann in einem Blumenmuster auf der Platte anordnete, garniert mit frischer Petersilie. Ich stellte das Arrangement in einen mit Eis gefüllten Kuchenbehälter. An diesem Morgen nahm ich nicht wie üblich den Metro Bus, sondern fuhr mit dem Auto und parkte in der Besucherzone auf der obersten Etage des Parkhauses. Die Security würde mir vielleicht ein Ticket verpassen, aber was könnte PEMCO schon tun, mich feuern?

Der Muktuk blieb zwischen Canapés und Selleriestangen auf Eis. Mutige Kollegen probierten ihn und fanden ihn gut, während andere sagten, dass der Fischgeschmack zu eigenartig und stark sei. Alles lief gut, ja geradezu schwimmend, bis mittags das letzte Eis geschmolzen war und die

Kristallplatte in geschmolzenem Eiswasser schwamm. Als der sich erwärmende Muktuk anfing zu riechen, verbreitete sich die Nachricht im ganzen Gebäude, dass sich auf der dritten Etage Wal-Blubber befinde. Mitarbeiter aus anderen Abteilungen kamen vorbei, um etwas zu probieren oder einfach nur zu glotzen. Doch die unbeschwerte Atmosphäre änderte sich schlagartig, als eine Gruppe aus der Verkaufsabteilung im ersten Stock heraufkam, um gegen den Verzehr des Fleisches einer gefährdeten Tierart zu protestieren.

Der Geruch durchdrang die Hälfte des dritten Stocks. Einer schwangeren Frau, die anfällig für starke Gerüche war, wurde übel, und ihr Vorgesetzter gab ihr den Nachmittag frei. Eine andere Frau kehrte nach dem Probieren eines Stücks aus der Damentoilette zurück und sagte, sie sei dorthin gegangen, um sich zu übergeben. Niemand konnte mehr arbeiten.

Everett, ein begabter Entertainer mit einem Tagesjob in der Cafeteria, kam eine Etage nach oben, um sich zu präsentieren. Er trug noch seine weiße Schürze, aber er hätte genauso gut Pailletten und Stöckelschuhe anhaben können. Er legte die Handflächen auf seine Wangen und kreischte, „O, nein, Namu, sag uns, dass du es nicht bist!" in Anlehnung an den Killerwal, der 1966 durch den Film „Namu der Raubwal" unsterblich gemacht wurde.

Glücklicherweise war der Geruch fast verschwunden, als der ganze Muktuk aufgegessen war. Ich packte die Platte und den Kuchenbehälter zusammen mit meinen persönlichen Sachen ein, als plötzlich eine Direktorin aus der

hyperorganisierten Personalabteilung von PEMCO auftauchte. Das Unternehmen sei mit meiner Aktion nicht
zufrieden, sagte sie steif. Meine Handlungen hätten die
Produktivität von Dutzenden von Mitarbeitern an diesem
Tag beeinträchtigt. Sie sagte mir, dass sie mich zu einer An-
hörung im Hinblick auf eine Bewährungszeit vorgeladen
hätte, wenn ich am nächsten Morgen zur Arbeit käme. Ich
hatte Mühe, ein Lächeln bei ihren Worten zu unterdrü-
cken.

Am Abend zu Hause wusch ich die Kristallplatte ab und
stellte sie wieder in den Schrank. Ich habe Melinda nie erzählt, wofür sie an diesem Tag benutzt worden war.

Am Freitag, dem 22. Dezember 1995, meinem ersten Tag
als ehemaliger PEMCO-Mitarbeiter, ging die Sonne über
der Bellingham Bay unter. Diese Bucht, ein Teil des Puget
Sund, liegt an der nördlichen Grenze der USA, südlich
von Vancouver, Kanada. Ich fuhr meinen leuchtend-roten
Suzuki Sidekick zum Check-in-Büro des staatlichen Fähr-
schiffdienstes, der Alaska Marine Highway, wo man mir
einen großen Aufkleber für meine Windschutzscheibe mit
der Aufschrift HAINES gab. Dort bestätigten sie auch meine Kabinenreservierung für die kommenden drei Nächte.
Haines war nämlich der alaskische Anlaufhafen, an dem
ich am folgenden Montagabend von Bord gehen würde.
Ich parkte, um auf dem Pier vor den Hecktoren des Auto-
decks des Fährschiffs „MS Matanuska" zu warten, deren
Abfahrt für 20 Uhr geplant war. Das Schiff wurde betankt,

gereinigt und mit Lebensmitteln für seine beiden Messen beladen, eine für die Besatzung und eine für die Passagiere.

Der Hafen befand sich etwas mehr als eine Stunde nördlich von Shoreline, dem Vorort von Seattle, in dem ich gelebt hatte. An diesem Morgen hatte ich drei Umzugshelfer angewiesen, meine Hälfte der Haushaltsmöbel in einen Schiffscontainer zu verladen. Um den Männern für ihre Arbeit zu danken, fuhr ich zum Washington State Liquor Store neben dem Lebensmittelgeschäft, in dem ich jahrelang eingekauft hatte, und kaufte drei mit Weihnachtsmotiven verzierte Literflaschen importierten Scotch Whiskey. Ich wünschte ihnen frohe Weihnachten und wandte mich gen Zukunft.

Drei Monate zuvor hatte ich die angstvolle Prüfung für die Zulassung als Versicherungsbegutachter in Alaska abgelegt, die von einer Vermittlungsagentur in Bellevue, Washington, überwacht wurde. Da ich fast übervorbereitet war, hatte ich sie beim ersten Versuch bestanden, und Minuten nach der Auswertung erhielt ich eine Glückwunsch-E-Mail vom Gouverneur Alaskas, Tony Knowles. Die Lizenz bedeutete, dass ich nun das wichtigste Jobangebot meines Lebens annehmen konnte: die Stelle eines Sachbearbeiters bei Wilton Adjustment Service in Anchorage.

Der kleine Suzuki war bis unters Dach beladen mit den Schätzen, die ich nicht einem Container auf einem Schiff anvertrauen wollte, das im stürmischen Januar den

8

Nordpazifik überquerte. Darunter befand sich ein handge-
ätzter Glaskrug aus dem 19. Jahrhundert, ein fast 40 Zentimeter hohes Kunststück mit einem stolzen preußischen
Adler aus Zinn auf dem Deckel. Unter der Gravur eines
Ritters auf einem Ross stand die Inschrift: „Jeden Feind
besiegt der Deutsche, doch den Durst besiegt er nicht".
Diesen Schatz hatte ich 1973 auf einer Reise ins damalige
Ostberlin erworben. Im Gegensatz zu den meisten anderen zerbrechlichen Gegenständen in der Hauptstadt hatte
dieses Objekt die Bombenangriffe des Zweiten Weltkriegs
unbeschadet überstanden, und ich war fest entschlossen,
dafür zu sorgen, dass sein Glück weiterhin anhielt.

Ganz unten in der Ladung befand sich in einem weiteren
Karton ein 60 cm langes Cribbage-Spielbrett, ein Wal-
rosszahn, der mit kunstvollen Elfenbeinfiguren verziert
war, die eine Robbenjagd darstellten. Das Stück gipfelt im
Kopf eines brüllenden Eisbären und ist bis heute eines der
schönsten Exemplare der Küstenkunst des Beringmeers,
die ich je gesehen habe. Flach auf alles gelegt, direkt unter
der Kuppellampe und eingewickelt in die Decke, die ich
1967 im Kaufhaus Werner-Blust während meiner ersten
Woche an der Universität Freiburg im Breisgau gekauft
hatte, befand sich das wertvollste Stück von allen - ein 1 m
x 1,5 m großes Ölgemälde des Mount Denali, gesehen vom
Wonder Lake aus, welches im Auftrag eines dänischen Pri-
vatkünstlers angefertigt worden war.

Sowohl der Stoßzahn als auch das Gemälde gehörten
meinem Onkel Andrew Longmire, der selbst in die Geschichte des Territoriums in Alaska eingegangen war. Bei

Besuchen im Haus meines Onkels von der Kindheit bis ins Erwachsenenalter hatte ich besondere Bewunderung für die beiden Alaskana-Stücke gezeigt. Andrew hatte mein Interesse offensichtlich bemerkt, denn als sein Testament verlesen wurde, waren beide für mich bestimmt. Onkel Andrew vermachte sein Geld auch seinen Neffen, und für mich reichte es für eine Anzahlung auf ein Traumhaus am südlichen Rand von Anchorage, mit Blick auf den riesigen und bergigen Chugach State Park. Einige Jahre lang behielt ich es als Mietobjekt, während meine Pläne für einen Umzug nach Alaska Gestalt annahmen. Ich hätte mir nie vorstellen können, dass meine Frau nicht mit mir kommen würde, aber ab jetzt galt mein Augenmerk meiner Zukunft.

Ich glaube, dass der Konflikt, der letztendlich 19 Jahre Ehe beendete, auf Melindas Bedürfnis zurückzuführen war, ihre eigene einzigartige Identität zu bewahren. Angesichts der Tatsache, dass sie eine talentierte Skifahrerin war, die später eine versierte Bergsteigerin wurde und am Whitman College Deutsch studiert hatte, hatten wir viele gemeinsame Leidenschaften. Mich zog auch die Tatsache an, dass sie ihre Kindheit in Alaska verbracht hatte.

Ich machte ihr schließlich auf dem Gipfel des Mount Rainier einen Heiratsantrag, genau an der Stelle, an der mein Großonkel Len Longmire 1890 seine Freundin Fay Fuller mitgebracht hatte. Fay war die erste Frau, die jemals den Gipfel des Rainier erreichte, und obwohl Melindas Aufstieg wesentlich weniger dramatisch war, nehme ich an, dass meine Hochstimmung ebenso groß war wie die meines Großonkels. In den zwei Jahrzehnten nach der Besteigung von 1890 war Len der einzige Bergführer auf dem Rainier und verlangte von den Touristen jeweils einen Dollar, um vom Camp Muir zum 4.393 Meter hoch gelegenen Gipfel zu gelangen. Als ich mit Melinda auf dem Gipfel stand, glaubte ich fest daran, dass alles vorhanden war für eine lange und glückliche Ehe.

Im Laufe der Jahre jedoch wehrte sich diese liebenswerte und intelligente Frau, die Mutter unseres Sohnes Evan, gegen die vermeintliche Erwartung, sie müsse eine Kopie von mir sein. Wir hatten in der ultrafundamentalistischen Community Chapel geheiratet, in der verlangt wurde, dass sich die Frauen ihren Männern in allen Dingen unterwerfen. Ich kann mir nicht vorstellen, wie schwer es für sie war, sich gegen diese frauenfeindliche Philosophie zu stellen. Ich erinnere mich an Zeiten, in denen ihre Frustration überkochte, zum Beispiel als sie rief: „Kristian, du bist von Alaska besessen!" Unaufgeregt antwortete ich: „Ich bin nicht besessen. Ich bin fokussiert". Die Antwort hatte Melinda überhaupt nicht gefallen.

Die Scheidung dauerte ein Jahr, wie es das Gesetz des Staates Washington vorschrieb. Im Rückblick ist es schwer vorstellbar, dass der Auslöser für die Trennung nicht die Tatsache war, dass ich über die Jahre meine Homosexualität unterdrückt hatte. Ich war ein hingebungsvoller Ehemann und ein guter Vater. Im Laufe meiner 25 Jahre im fundamentalistischen Pfingstlertum hatte ich meine schauspielerischen Fähigkeiten gründlich geschliffen. Ich täuschte die meisten anderen darüber, wer ich wirklich war, und ich überzeugte mich im Wesentlichen selbst davon, dass ich heterosexuell war. Was auch immer mein Denkprozess war, ich betrachtete mein Eheversprechen als heilig und hielt es.

Der Anwalt, der für den Erziehungsplan des Bundesstaates Washington verantwortlich war, stellte fest, dass es für unseren zwölfjährigen Sohn am besten wäre, wenn ich der sorgeberechtigte Elternteil in Alaska würde, während Melinda für die Besuche im Sommer und an den Feiertagen in Seattle verantwortlich wäre. Evan war seit seinem zweiten Lebensjahr Skifahrer und war mehrmals in den Ferien mit mir nach Alaska gekommen, ein Land, das er mehrfach besucht hatte und für das er eine Vorliebe entwickelt hatte. Eine Woche vor meiner Fahrt nach Bellingham, bevor sie auf dem Absatz kehrtmachte und die Tür hinter sich zuschlug, platzte Melinda heraus: „Du darfst endlich deinen Traum leben!"

Nachdem ich nach Alaska aufgebrochen war, fuhr Melinda mit Evan nach Süden, um Weihnachten bei seinen Großeltern zu verbringen, in einem Haus, das unmittelbar in der Nähe des Mount Bachelor Skigebiets in Bend, Oregon lag. Ein paar Wochen nach Neujahr, als mein Haus am Little Rabbit Creek eingerichtet und Evans neues Schlafzimmer für ihn bereit war, setzte sie ihn in einen Alaska-Airlines-Flug nach Anchorage. Er begann die zweite Hälfte seiner sechsten Klasse an der Bear Valley Elementary School, zehn Minuten durch den Fichtenwald den Bach hinauf vom Haus entfernt.

Als Einzelgänger-Romantiker war es kein Problem für mich, jenes Weihnachten allein zu sein. Ich verehrte die Idee, noch einmal die Gelegenheit zu haben, die Inside Passage nach Alaska zu bereisen. Ich wusste, dass das Schiff die tückischen Wrangell Narrows durchqueren würde, die wegen der blinkenden roten und grünen Lichter ihrer 60 Navigationsbojen, die den eng gewundenen Kanal säumten, „Weihnachtsbaum-Allee" genannt wurden. Gegen Mitternacht würde ich mich unter dem Steuerhaus an Deck befinden, sicher allein, in meinem Arktisparka und meiner Skibrille vermummt wegen des Schneeregens, Weihnachtslieder in den Wind hinein singend.

An einem dunklen Samstagnachmittag machte die Fähre einen vierstündigen Halt in Wrangell, um auf die Flut zu warten, die eine sichere Durchfahrt durch die Narrows ermöglichte. Ich schnappte mir meine Bordkarte und ging die Rampe hinauf und über den Fährterminal zum urigen Haus im Südostalaska-Stil von Todd und Elsie Harding. Ich sollte ihr Gast zum Heiligabendessen sein. Todd leitete Jetboot-Touren auf dem riesigen Stikine River, und er hatte Evan und mich einmal flussaufwärts mitgenommen, um auf dem Chief Shakes Lake über mehrere Eisberge zu springen. Die Eisberge wurden vom Chief Shakes Gletscher gespeist. Der kalte Nieselregen hatte uns arg zugesetzt, aber am Ende des Ausflugs konnten wir uns in den riesigen Zedernbadewannen des Chief Shakes Hot Springs

aufwärmen, deren Wasser schon fast zu sehr von der Erd-
wärme aufgeheizt war.

Nach dem Abendessen fuhr die MS Matanuska weiter nach
Norden und legte am Montagabend in Haines an. Ich fuhr
im Sidekick in die verschneite Dunkelheit hinaus, und das
Dorf verschwand schnell im Rückspiegel. Ich fuhr auf der
Straße neben dem Chilkat River in Richtung eines abgelegenen Grenzpostens in der nordwestlichen Ecke von Bri-
tisch Kolumbien. Würde der kanadische Zoll in der Nacht
vor dem kanadischen Boxing Day geöffnet sein? Ich war
erleichtert, als ich einige andere Fahrzeuge sah, hauptsächlich kanadische Staatsbürger, die ebenfalls in der kleinen
Schlange standen. Ich erkannte sie vom Matanuska als die
Leute, die auf dem Heimweg nach Whitehorse im Yukon
waren.

Die Zollbeamten durchsuchten mein Gepäck, und ich
legte einen Nachweis für meinen neuen Job in Alaska
vor. Ohne Probleme an der Grenze fand ich mich bald in
25 Zentimeter Neuschnee, bei -30° Celsius, wieder, und
meine Scheinwerfer beleuchteten die Schneeverwehungen
und Hügel, während ich vom Küstengebiet Alaskas nach
Haines Junction im Yukon aufstieg. Obwohl ich ein Motel
fand, das ein „Zimmer frei" Schild zeigte, war eine warme
Mahlzeit keine Option; keine Restaurants würden in dieser Nacht oder am nächsten Morgen geöffnet sein. Zum
Glück war das Zimmer warm.

Am nächsten Morgen, einem Tag, der nur kurz Tageslicht sehen würde, fand ich in der Dunkelheit eine Tankstelle, an der ich Kaffee und Junkfood kaufen konnte. Etwas gestärkt fuhr ich die Alaska Highway hinauf zur Grenze, wo ich wieder in die Vereinigten Staaten einreisen würde. Es war wolkenlos ohne Mond, und Milliarden von Sternen der Milchstraße zeichneten die Gipfel des kanadischen Kluane Nationalparks ab. Es gab überhaupt keine entgegenkommenden Scheinwerfer auf der Straße. Die Lufttemperatur lag jetzt bei -33° Celsius, was für ein ruhiges Fahren über das Eis sorgte, das bei extrem-niedrigen Temperaturen viel weniger rutschig wird.

In den wenigen Fällen, in denen ich pinkeln musste, hielt ich einfach an, schaltete die Scheinwerfer aus und erledigte mein Geschäft mitten auf der Straße. Jedes Mal ging ich ein Stück vom schnurrenden Motor des Autos weg, um die Pracht der subarktischen Berge in mich aufzunehmen. Es kam nicht in Frage, das Fahrzeug auszuschalten; das wäre Ende Dezember im hohen Norden töricht gewesen. Ich erlebte das Gefühl, völlig allein in der Natur zu sein, fühlte mich aber nicht einsam. Als meine Träumerei schließlich von der bitteren Kälte überwältigt wurde, stieg ich wieder ins warme Auto - die Heizung blieb während der gesamten Fahrt auf „hoch". Trotzdem musste ich am Ende meine zweite Jacke um mein linkes Bein neben der kalten Tür wickeln, um warm zu bleiben.

Nach Beaver Creek, Yukon, erreichte ich den US-Zoll und zwei Stunden dahinter das Dorf Tok, Alaska. Ich sah nun gelegentlich ein Fahrzeug auf der Straße, als ich über den

Mentasta Summit und weitere paar Stunden jetzt Richtung Südwesten nach Glennallen fuhr. Ich durfte mich auf eine gemütliche Nacht im Caribou Hotel und ein großes Frühstück am nächsten Morgen freuen. Der letzte Tag der Reise sollte auf der Glenn Highway weitergehen – über den Pass, hinunter nach Chickaloon und Palmer und schließlich nach Anchorage.

An einem zusammengebastelten Truck Stop und Motel auf dem Eureka Summit, dem höchsten Punkt der Glenn Highway, bemerkte ein Lastwagenfahrer, dass ich in Richtung Anchorage fuhr. Er warnte mich, dass eine wärmere Luftmasse aus dem Cook Inlet hereinkäme, und die Straße bald rutschig werden würde.

Ich hatte mich nach seiner Warnung eine halbe Stunde lang vorsichtig in der Dunkelheit entlang der Kurven der Highway von Eureka geschlichen, als ich auf ein Lichtspiel aus Leuchtkugeln und blinkenden Lichtern stieß und zum Stillstand kam. Es stellte sich heraus, dass ein 20-jähriger Fahrer in die Felsen an der Seite eines tiefen Tales gerutscht war, seinen Pickup-Truck auf den Kopf gedreht und in die gegenüberliegende Leitplanke geschleudert hatte. Sein Fahrzeug hatte es geschafft, wieder auf die Räder zu rollen, aber die hintere Haube und all sein Hab und Gut waren über die Leitplanke in den Abgrund geschleudert worden.

Zwei Lastwagenfahrer, die als Sicherheitsmaßnahme im Tandem unterwegs waren, hatten die Alaska State Troopers alarmiert, die wiederum einen Abschleppwagen aus Palmer schickten. Der Weg war für mehrere Stunden in beide Richtungen gesperrt, was jedoch größtenteils irrelevant war, da nur wenige Laster und ein paar Reisende wie ich an diesem Tag unterwegs waren.

Die Leuchtkugeln und blinkenden Lichter reflektierten auf der vereisten Fahrbahn, und der Pickup-Fahrer ging in die Wärme des Streifenwagens der Troopers. Der Abschleppwagenfahrer grinste, während er im Scheinwerferlicht meines Suzukis über die Straße rutschte und eine komische Performance für mich ablieferte, auf seinem Weg, das Wrack für den Rücktransport nach Palmer zu sichern.

Zwei Stunden nachdem die Straße wieder freigegeben worden war, fuhr ich durch Palmer unterhalb des dramatischen Ausblicks auf den Pioneer Peak auf der jetzt vierstreifig ausgebauten Fortsetzung der Glenn Highway. Als ich in Anchorage ankam, fuhr ich durch die Stadtmitte und dann Richtung Süden auf der Seward Highway bis zur Ausfahrt für Rabbit Creek Road, und schließlich hoch in die Berge hinauf zu meinem Haus am Snowflake Drive.

In dieser Nacht würde ich auf dem Teppich des Hauptschlafzimmers campen. Ich hatte eine Matratze bei JC Penney bestellt, und sie sollte am nächsten Nachmittag geliefert werden. Es würde noch ein paar Wochen dauern, bis der Bettrahmen und meine anderen Möbel ankamen, aber ich konnte nur daran denken, wie froh ich war, zu Hause zu sein, und dass sich ein Lebenstraum endlich erfüllte.

Am nächsten Morgen duschte und rasierte ich mich und meldete mich im Büro für meinen ersten Arbeitstag. Ich war dankbar für ein Frühstück mit Donuts und Kaffee im Pausenraum. Mein Büro war schön funktionell und meine neuen Kollegen begrüßten mich herzlich. Ich machte ein Foto, das meinen neuen Schreibtisch und den Blick auf die Chugach Mountains zeigte, die an die Stadt grenzen. Ich schickte das Bild und meine herzlichen Grüße an meine PEMCO-Freunde zurück in Seattle, wo ich den Muktuk serviert hatte. Eine Reise war beendet, eine neue begonnen.

Kapitel 2

Omelette mit Käse und Pisse

Touristen kommen nach Alaska, um den Bundesstaat mit den höchsten Bergen Nordamerikas, 3 Millionen Seen, 75.000 Kilometer Küstenlinie und 22,7 Millionen Hektar Nationalparks zu erleben. Ich fühlte mich, als hätte ich im Lotto gewonnen, als ich einen Job bekam, der mich von Ketchikan nach Utqiaġvik und von Northway nach Unalaska bringen würde.

Ein frühes Beispiel für die Art von Unfällen, die ich bearbeitete, war der Fall einer freundlichen Oma aus Oregon. Sie brach sich die Hüfte, als ein Steg über einigen Gezeitenbecken auf dem Gelände einer Wildnis-Lodge auf dem

19

Prince William Sund zusammenbrach. Im Krankenhaus war sie trotz einer Notoperation guter Dinge. Ihr einziges Bedauern war, dass sie sediert worden war und den ersten Hubschrauber- und Privatjetflug ihres Lebens verschlafen hatte.

Obwohl sie erklärte, dass sie nicht an einer Klage interessiert sei, brauchte sie Hilfe bei ihren erheblichen Arztrechnungen und einem medizinischen Rücktransport im kleinen Jet nach Portland und anschließend nach Eugene, Oregon. Der Unfallort befand sich auf einer abgelegenen Insel, und ich musste Fotos und Messungen des defekten Stegs machen, sowie Augenzeugenaussagen von Mitarbeitern einholen. In der zweiten Septemberwoche herrschte blauer Himmel und Kurzärmelwetter, als ich nach Valdez flog und dann an Bord jenes Ausflugsboots ging, welches die Frau genommen hatte - die einzige praktische Möglichkeit, die Insel zu erreichen. Wir navigierten zwischen Eisbergen am Columbia-Gletscher und sahen Robben, Otter und Wale, zusammen mit Watvögeln und den Papageien des Nordens – den orangefarbenen Papageientauchern.

Als das Boot endlich an der Lodge anlegte, ließ ich das Büffet aus und machte mich sofort an die Arbeit. Ich kletterte um die Absperrung des zusammengebrochenen Stegs herum, um meine Arbeit zu tun. Als ich die wenigen Mitarbeiter interviewte, die den Einsturz miterlebt hatten, kam ich zu einem einfachen Urteil: Der Einsturz war auf verrostete Stahlklammern zurückzuführen, die eine halbjährliche Inspektion hätte erkennen müssen. Am Ende habe ich ungefähr drei Stunden echte Arbeit geleistet. Kurz nachdem ich meine Ermittlungen abgeschlossen hatte, legte die Bootstour wieder ab. Ich hatte das Büffet mit geräuchertem Lachs verpasst, aber an Bord würde ich mich mit Krabbenkuchen und paniertem Heilbutt zufriedengeben.

Neben der schieren Schönheit der Landschaft war ein weiterer Lichtblick meines Jobs, dass ich zu Einsätzen in Teilen Alaskas kam, in denen Tourismus noch größtenteils ein Fremdwort war. Ich brachte meinen sehr warmen Schlafsack mit und hatte leicht zu verpackende Snacks wie Beef Jerky und Pringles dabei. Isolierte Stiefel und ein schwerer Parka waren die meiste Zeit des Jahres unerlässlich. Wenn meine Einsätze in Westalaska waren, flog ich oft mit Alaska Airlines nach Bethel, dem wichtigsten Drehkreuz zwischen Anchorage und Japan. Von dort aus konnte man mit einem einmotorigen Flugzeug weiter in die weite Feuchtgebietslandschaft fliegen, was ein bis zwei Stunden dauerte.

Mit dem Jet liegt Bethel eine Stunde und zehn Minuten westlich von Anchorage. Bethel hat etwa 6.500 Einwohner, und diese Zahl macht Bethel zu einer Großstadt Alaskas. Von dort aus erreicht man 56 Yup'ik und Cup'ik Eskimo-Dörfer an Flüssen, Küsten und Seen, die sich über eine Region erstrecken, die größer ist als Baden-Württemberg. Der traditionelle Yup'ik-Name für dieses Gebiet am Ufer des Kuskokwim ist in der Yup'ik Sprache *Mamterilleq*, „Ort der vielen Vorratslager“.

Als einer, der sich für Sprachen interessiert, wurde mein Interesse an dieser Region ursprünglich durch eine BBC-Sendung auf Alaska Public Radio geweckt, in der erklärt wurde, dass Yup'ik die komplexeste Grammatik aller Sprachen habe, die das Untersuchungsteam je studierte.

Herrnhuter Missionare aus Deutschland ließen sich vor fast zwei Jahrhunderten entlang dieses Teils des Kuskokwim-Flusses nieder. Sie nannten ihre Siedlung Bethel, was „Haus Gottes" in der Sprache des Alten Testaments bedeutet. Im Gegensatz zu anderen Missionarsgruppen, die nach dem Kauf Alaskas von Russland im Jahr 1867 kamen, suchten die Herrnhuter das Verständnis der einheimischen Bevölkerung, anstatt ihre Kultur zu eliminieren. Ihre Gelehrten legten die Orthografie der bisher nur oralen Yup'ik-Sprache fest und erstellten ihre erste Grammatik. Sie übersetzten das Neue Testament und andere Bücher ins Yup'ik. Ihre Arbeit bildete letztendlich die Grundlage für das Yup'ik-Sprachcurriculum, das heute an der University of Alaska Fairbanks und deren Niederlassung in Bethel unterrichtet wird.

BET steht für den dreistelligen Fluglinencode des Flughafens Bethel. Da der Tundra Boden der Region auf Permafrost liegt, verleiht die jahreszeitliche Schmelze und das Aufsteigen unter der Oberfläche der einzigen asphaltierten Hauptstraße der Stadt eine Achterbahn-ähnliche Qualität. Dies ist nur dann nicht der Fall, wenn das Verkehrsministerium des Bundesstaates alle paar Jahre seinen Krieg gegen die Frostbeulen führt und die Dinger glättet. An der ersten Kurve der Autobahn steht ein Schild, das Besucher in Mamterilleq willkommen heißt, und darunter steht: „Paris am Kuskokwim". Diese Route in die Stadt wird Chief-Eddie-Hoffman-Straße genannt und führt zu einer Kreuzung mit Ridgecrest Straße und Main Straße, die von Vielen als das Zentrum der Stadt angesehen wird. Angesichts der unzähligen Seen und Moore in der Gegend und der sich unvorhersehbar windenden Straßen erweckt eine Karte von Bethel jedoch den Eindruck, dass die Stadtplaner einen Wasserpistolenkampf mit Tinte hatten.

Wie auch in allen anderen Dörfern, die keine Verbindung zum Straßennetz des Bundessstaates (80% des Landes) haben, gibt es keine Straßen nach oder von Bethel, und alle Lebensmittel, die nicht gejagt, gefischt oder angebaut werden können, kommen per Flugzeug oder Lastkahn an. Wenn der Kuskokwim River eisfrei ist, bringen Schiffe aus Seattle schweres Gerät und Baumaterialien, aber für den Rest des Jahres werden große Güter wie Neuwagen eingeflogen, was den Preis um Tausende von Dollar erhöht. Insgesamt sind die Lebenshaltungskosten exorbitant. Oder wie es ein Redakteur der Seattle Times einst schrieb: „Drittwelt Verhältnisse mit Riviera Preisen".

Mit einer Länge von 1.130 und 3.190 Kilometern sind der Kuskokwim River und dessen naher großer Bruder, der Yukon, im „Yukon-Kuskokwim Delta" so mächtig wie die große Region, die sie prägen. Diese Wasserwege transportieren Menschen in Booten über große Entfernungen, und nachdem das Eis in den Wintermonaten dick genug geworden ist, öffnet sich die Eisoberfläche des Flusses für

Schneemobile (auf Alaskisch „Snow Machines"), Privat-
autos, Lastwagen und natürlich auch Hundeschlitten-Ge-
spanne.

In Bethel ist die gesprochene Yup'ik-Sprache, lokaler Name
„Yugtun", lebendig und wird von Tausenden täglich ge-
nützt. Sie erscheint in Sendungen des lokalen öffentlichen
Radiosenders KYUK und ist die treibende Kraft hinter der
beeindruckenden Immersionsschule, Ayaprun Elitnaurvik.

Yup'ik-Bekannte, die man in Bethel kennenlernt, können
leicht zu lebenslangen Freunden werden, aber diese Stadt,
die auch Arbeiter aus Südstaaten wie Alabama und Louisia-
na anzieht, beherbergt hässlichen Rassismus. Obwohl die
Yup'ik-Leute nach Ansicht von Archäologen seit mehreren
Tausend Jahren hier leben, neigen heute einige weiße Zu-
wanderer dazu, sich zu verhalten, als hätten sie Eigentums-
rechte.

Während der Rodney-King-Unruhen 1992 in Los Angeles
wurden die Häuser und die Geschäfte von Tausenden Bewohnern des Viertels „Korea Town" niedergebrannt. Viele
flohen, und ein Teil von ihnen landete in Bethel, einem
Ort, der in der geographischen Entfernung und der Kultur
sehr weit entfernt von Los Angeles liegt. Die Zahl der koreanischen Einwanderer in Bethel stieg in den frühen 1990er
Jahren sprunghaft an, und koreanische Unternehmer er-
öffneten Restaurants, Friseursalons und Spielzeugläden,
während viele mehr Taxis fuhren.

Mit weniger als 70 Straßenkilometern, einschließlich aller
Seitenstraßen innerhalb der Stadt, besitzen nur wenige

Menschen in Bethel Autos. Die Leute bewegen sich in der Stadt zu Fuß, mit Snow Machines, mit kleinen Geländewagen, oder mit dem Fahrrad fort. Eine bequemere Option, besonders im Winter, ist das Taxi, aber anders als in anderen Städten bringen Taxis in Bethel die Passagiere nicht unbedingt von Punkt A nach Punkt B. Es handelt sich vielmehr um Sammelfahrten, und je nach Glück oder Pech gelangt man auf sehr umständlichen Wegen zum Ziel.

Als Schadenregulierer für Personenschäden wurde ich in Bethel immer wieder mit der Feindseligkeit der Weißen gegenüber Koreanern konfrontiert. Ein Paradebeispiel war ein Auffahrunfall auf der Chief-Eddie-Hoffman-Highway an seiner Kreuzung mit dem Akiak Drive, in unmittelbarer Nähe der Polizeistation. Ein koreanischer Taxifahrer, der vom Flughafen in die Stadt fuhr, signalisierte eine Linksabbiegung auf den Akiak Drive und hielt wegen eines entgegenkommenden Autos an. Ein anderes Taxi, das nicht von einem Koreaner gefahren wurde, war zu dicht aufgefahren. Das hintere Taxi traf das koreanische Taxi so heftig, dass es über das Eis auf die Akiakstraße prallte. Ein Beamter der Bethel Police hörte den Unfall von der Station aus und rannte nach draußen, um Fackeln aufzustellen. Wie durch ein Wunder wurde niemand ernsthaft verletzt, aber beide Taxis mussten abgeschleppt werden.

Es ist eine elementare Verkehrsregel, dass bei einem Auffahrunfall der Fahrer, der auf ein stehendes Fahrzeug auffährt, wenn dieses ordnungsgemäß für eine zulässige Linksabbiegung geblinkt hat, schuldhaft ist. In Bethel schienen diese Regeln damals jedoch nicht zu gelten. Als ich den

Polizeibericht abholte, stellte ich nämlich fest, dass der koreanische Fahrer wegen „unangemessenen Anhaltens" ein Bußgeld erhalten hatte. Die Tatsache, dass dies in Alaska kein legitimer Verkehrsverstoß war, spielte keine Rolle. Es gab nichts, was ich als Regulierer tun konnte. In ähnlichen Fällen, die folgten, begann ich, diese Art von Strafzettel als „DWK" nicht etwa „DWI" zu bezeichnen. (Ein DWI bedeutet „Driving While Intoxicated" also betrunken, während mein DWK bedeutete „Driving While Korean", also der Zustand des Koreaner-Sein am Lenkrad). Nach mehreren Jahren dieses Unsinns übernahmen glücklicherweise die Alaska State Troopers die Kontrolle über das Bethel Police Department. Nach der Einführung wichtiger Reformen, darunter die Entlassung einer Handvoll Beamter und die Forderung nach einer speziellen Ethikschulung, übergaben die Troopers die Leitung im Jahr 2003 zurück an die Stadt Bethel.

Die langen subarktischen Sommertage in Bethel sind von einer reichen Vielfalt an Zugvögeln geprägt, die sich an den Mücken und anderen Insekten an den Dutzenden von Seen in und um die Stadt laben. Mücken finden ihre menschlichen Opfer, indem sie dem von ihnen ausgeatmeten Kohlendioxid folgen. Ein Vorteil der oft windigen Bedingungen in Bethel ist, dass der Atem mit dem Wind weggetragen wird, bevor diese blutdurstigen Plagegeister ihre Opfer finden können. Trotz solcher Unannehmlichkeiten ist die Tundra im Sommer wie im Winter ein Ort, an dem man die Ruhe und die Pracht der Natur genießen kann.

Im Juni 2002 hatte ich, wie es für einen Einsatz in Bethel typisch war, mehrere Schadenakten in meiner Aktentasche. Der unkomplizierteste meiner Aufträge an diesem Tag war ein einfacher Parkrempler am Eingang des Super- und Baumarkts „Swansons". Ein Dachdecker aus den „Lower 48" (also aus den 48 Bundestaaten im Süden, die nicht mit Alaska angeschlossen sind) fuhr mit einem rostigen Pick-up rückwärts. Die Seitenspiegel waren längst verschwunden, und anstelle der Heckscheibe war eine Sperrholzplatte angebracht. Er war direkt gegen die Beifahrerseite eines von einem Koreaner gefahrenen Taxis gefahren, das wenige Minuten zuvor vor dem Swansons in der Lade Zone gehalten hatte.

Ich traf den Besitzer des Pickups, einen Mann mittleren Alters, vor Swansons. Er hatte sich an den Versicherungsagenten der Taxigesellschaft gewandt, um den Schaden an seinem Pick-up geltend zu machen. Die Firmenzentrale wiederum beauftragte mich, den Fall zu untersuchen. Ich führte ein aufgezeichnetes Interview durch, um die Version des Fahrers über den Unfall zu erfahren. Dann fotografierte und vermaß ich den Schaden am Pick-up, der sich auf eine fehlende Stoßstange und eine große Delle in der Heckklappe belief.

Am selben Nachmittag traf ich mich mit dem koreanischen Taxifahrer. Sein Englisch war begrenzt, also holte ich zwei Matchbox-Spielzeugautos aus meiner Aktentasche, die ich für solche Situationen aufbewahrte. Ich zeichnete einen

Plan des Parkplatzes vor Swansons und bat ihn, mir zu zeigen, was passiert ist. Außerdem machte ich Fotos von den Schäden an seinem Taxi und wies ihn an, einen Kostenvoranschlag für die Reparatur von einer der Karosseriewerkstätten in Bethel einzuholen. Er brauchte die Reparaturen schnell, da das Taxi seine Haupteinnahmequelle war.

Beide Fahrer waren sich über die Fakten einig. Der Mann im Pick-up war gerade nach dem Einkaufen zu seinem Truck zurückgekehrt. Er hatte mit seiner vorderen Stoßstange zum Gebäude hin geparkt, auf dem Platz, der der Haustür am nächsten war. Nachdem er den widerwilligen Motor zum Leben erweckt hatte, verschwendete er keine Zeit und fuhr rückwärts. In der Zwischenzeit war der koreanische Taxifahrer vorgefahren und hatte zwei Damen abgesetzt, die in den Laden gingen. Dann bum! - Die hintere Stoßstange des Pick-ups prallte gegen beide Beifahrertüren des Taxis. Der Fahrer des Pick-ups sprang heraus und schrie. Als der Taxifahrer ihn nicht verstand, schrie er noch lauter.

Nachdem ich Jim and Norma Wyckoff in der kleinen Nachbarschaft namens „Blueberry Sub" zum Abendessen besucht hatte, ging ich zurück, um meinen Mietwagen abzugeben und den Abendflug zurück nach Anchorage zu nehmen. Norma, die damals bei Malone and Company arbeitete, der Versicherungsagentur für die meisten Taxis in Bethel, half mir bei jedem Flug nach Bethel, indem sie mir ein Büro zur Verfügung stellte, in dem ich Fahrer, Zeugen und Verletzte befragen konnte. Besonders wenn die Temperatur draußen bei -35° Celsius lagen, weiß ich nicht, wie ich meine Arbeit ohne diesen Arbeitsraum hätte machen können.

Zurück in Anchorage war es meine Aufgabe, das aufgezeichnete Interview und die Fotos in einen Bericht für die Versicherungsgesellschaft im Bundesstaat Nebraska zu gießen. In meiner Dokumentation des Unfalls erwähnte ich, dass der Fahrer des Pick-ups mir erzählt hatte, dass er wisse, dass Taxis mehrmals am Tag an der Vordertür von Swansons hielten. Er hatte jedoch darauf bestanden, dass dieser koreanische Taxifahrer wie alle anderen sei, verantwortungslos und glücklich, hinter anderen Fahrzeugen zu parken, um Versicherungsgelder zu kassieren. Es hätte mir vielleicht ein bisschen leidgetan, wenn er nicht diese rassistische Einstellung gehabt hätte: „Ich bin weiß, also habe ich recht".

Ich schickte meinen umfassenden Bericht nach Omaha und rief den Fahrer des Pick-ups auf seinem Arbeitstelefon an, nachdem ich mich mit der Firma beraten hatte. Ich nannte ihm das Urteil: „Sie waren allein für diesen Unfall verantwortlich. Sie haben Ihren Pick-up in ein stehendes Fahrzeug gestoßen, das sich an einem ausgewiesenen Platz zum Ein- und Aussteigen von Fahrgästen befand. Außerdem konnten Sie nicht sehen, was sich hinter Ihnen befand, weil Sie keine Seitenspiegel hatten und der Rückspiegel durch eine Sperrholzplatte verdeckt war. Die Versicherung wird Ihren Schaden nicht übernehmen. Stattdessen müssen Sie die Reparatur des Taxis bezahlen. Sie haben mir gesagt, dass Sie keine Haftpflichtversicherung haben, also müssen Sie die Kosten aus eigener Tasche bezahlen. Die Versicherungsgesellschaft des Taxis wird den Schaden am Taxi über seinen Versicherungsschutz bezahlen. Dann wird die Firma Ihnen die Kosten in Rechnung stellen, die sie bezahlt hat. Wenn Sie nicht zahlen können, werden Sie der Alaska Division of Motor Vehicles gemeldet, und Ihr Führerschein wird entzogen. Wenn Sie den Schaden nicht erstatten, werden Ihre jährlichen Dividende aus dem Alaska-Fonds gepfändet, bis Sie Ihre Schulden beglichen haben".

Der Mann feuerte eine Reihe von Schimpfwörtern über die von Gott verfluchten Koreaner ab und legte auf. Ich hatte ihm bereits erklärt, dass eine schriftliche Bestätigung von allem per Post eintreffen würde. An diesem Punkt schickte ich meine Akte zur Reparatur des Taxis an die Versicherung und anschließend an die Inkasso Einheit in Omaha, Nebraska. Für mich war der Fall damit erledigt.

Ich war oft in Bethel. Sechs Monate nach der Untersuchung des Swansons-Unfalls landete mein Alaska Airlines-Jet um 7:30 Uhr morgens im Dunkeln bei -32° Celsius. Die einzige Autovermietung in Bethel öffnete um 9 Uhr morgens, und ich hatte eines ihrer fünf Autos reserviert. Glücklicherweise standen sie in einer beheizten Garage, so dass ich wusste, dass mein Wagen anspringen würde. Wahrscheinlich würde ich aber den ganzen Tag den Motor nicht abstellen. Ich hatte vor dem Abflug nichts gegessen, weil ich vorhatte, in ein gemütliches Restaurant namens Dianes zu gehen, um zu frühstücken und auf die Öffnung der Autovermietung zu warten.

Omelette mit Käse und Pisse

An einem klaren Wintermorgen mit einem sichelförmigen Mond und einer Kuppel aus Sternen setzte mich ein Taxi vor dem Restaurant ab. Ich klopfte den Schnee von meinen Stiefeln auf der Stahltreppe ab. Vom arktischen Eingang aus, wo ich eintrat, und meinen warmen Parka ablegte, konnte ich in die Küche sehen. Zufällig nahm ich Blickkontakt mit dem Koch auf. Ich erkannte ihn von irgendwoher, konnte mich aber nicht erinnern, woher. Ich konnte erkennen, dass er mich auch erkannte, aber ich dachte mir nichts weiter dabei.

An zwei anderen Tischen im Speisesaal saßen Leute. Eine Kellnerin in Jeans und Sweatshirt brachte mir Kaffee, Orangensaft und Toast. Etwa 10 Minuten später brachte sie mir das Omelett mit Käse, das ich bestellt hatte, und füllte meinen Kaffeebecher nach. Ich dankte ihr und löffelte etwas Salsa aus einem Glas in der Tischmitte auf das Omelett. Es sah gut aus, also schnitt ich ein großes Stück mit der Gabel ab und führte es in meinen Mund.

Die Textur war wie erwartet, aber der Geschmack erinnerte sofort an den Geruch eines Urinals an einer Tankstelle. Es war zu spät, um das Stück auszuspucken, also schnappte ich mir den Orangensaft und versuchte, den Geschmack zu verdrängen, der mich zum Zucken brachte. Als ich den Teller auf die andere Seite des Tisches schob, fiel mir plötzlich ein, dass der Koch der Fahrer des rostigen, braunen Pick-ups von vor sechs Monaten war.

Ich saß einen Moment still, während sich mein Puls wieder normalisierte. Was sollte ich tun? Der Kerl suchte nach einer Reaktion, also beschloss ich, so zu tun, als sei nichts passiert. Das Ausbleiben einer Reaktion würde ihn davon überzeugen, dass ich dümmer bin, als er ohnehin schon dachte. Egal, ich konnte die Wut des Mannes verstehen; es würde nichts bringen, wenn er seinen Job verlieren würde. Außerdem hatten weder die Kellnerin noch Diane etwas damit zu tun, also wollte ich ihnen keinen Ärger machen.

Ich aß den restlichen Toast mit Marmelade, trank meinen Orangensaft und Kaffee aus und ließ dann einfach ein Trinkgeld wie üblich liegen. An der Theke bat ich die Kellnerin, mir ein Taxi zur Autovermietung zu rufen. Ich würde zwar zu früh sein, aber im geheizten Eingang zum Büro standen Stühle, wo ich warten konnte, bis die Filiale öffnete. Als ich aus dem zweiten Taxi des Morgens stieg und durch den Schnee zu Emerald Car Rentals ging, war die Saga des Omeletts mit Käse und Pisse bereits aus meinem Kopf verschwunden. Das orangefarbene Glühen über der Tundra im Südosten bedeutete, dass die Sonne in ein paar Stunden aufgehen würde. Es würde ein typisch-perfekter alaskischer Wintertag in Paris am Kuskokwim werden.

Zweiter Teil

Junger Ersthelfer

Die Kapitel in diesem Abschnitt werfen Schlag-
lichter auf Erfahrungen aus meiner Jugend, die
mich schließlich dazu führten, mit Menschen in
Krisensituationen in der Bergwildnis umzugehen.

Die Glückseligkeit des Aufstiegs in der eisigen Wildnis.

BLUT PISSE & JUBEL   ALASKA

Kapitel 3

Ich werde das Gegenteil tun.

„Verzaubert" ist das Wort, mit dem ich meine Beziehung zu den Bergen der Wildnis seit meinen ersten kindlichen Erinnerungen beschreiben würde. Im Mount Rainier Nationalpark wurde ich mit dem jährlichen Longmire-Picknick verwöhnt, einer Veranstaltung, bei der sich die Nachkommen dieser Pionierfamilie des Pazifischen Nordwestens versammelten, um ihr Erbe zu feiern. Logischerweise fand es auf dem Campingplatz und in der Versammlungshalle von Longmire, dem Hauptquartier des Nationalparks, statt. Meine Mutter hieß Thelma Longmire, und meine Tanten, Onkel und Cousins trugen diesen Geburtsnamen; so kam es, dass ich Teil dieser Veranstaltung wurde.

Normalerweise blieb ich nach etwas gebratenem Hähnchen und Kartoffelsalat nicht für die Reden bei der Jahrestagung. Stattdessen schlug ich mich zu den tosenden sommerlichen Gletscherflüssen des Nisqually Rivers durch. Ehrfürchtig saß ich auf einem Felsblock am Ufer und lauschte, wie der schäumende, graue Strom, der zum Puget Sund floss, zwischen VW-Käfer-großen Felsen hindurch das Flussbett hinunterstürzte. Ich wusste, weil mein Großonkel Len Longmire der erste Führer auf dem Mount Rainier gewesen war, dass es möglich war, die grellweiße Höhe des Gipfels über mir zu erreichen. Ich fragte mich, ob ich jemals erwachsen genug werden würde, um selbst hinaufzusteigen.

Im Kindergarten sagten die Erwachsenen, meine Buntstifte-Strichmännchen seien künstlerisch. Ich zeichnete, malte und bastelte Mosaike aus Gipfeln und Gletschern. Nach einer Familienwanderung zum Boulder Lake am Fuße des Boulder Peaks in der Nähe der Olympic Hot Springs im Olympic Nationalpark weit westlich von Seattle, sagte mir Mom, sie wisse, dass ich den Bergen verfallen sei. Sie hatte diese Art von Verzauberung bei ihren Onkeln in der Familie Longmire gesehen, die durch den Mount Rainier berühmt geworden waren. Nach dem Boulder Peak brachte sie mich mit einigen erwachsenen Freunden des in Seattle ansässigen Kletterclubs „The Mountaineers" in Kontakt. Diese wiederum ermutigten mich, mich für die vorzeitige Aufnahme in den „Grundkurs Klettern" zu bewerben. Ich erinnerte mich an das, was Mom mit einem Seufzer gesagt hatte: „Es geht dir ins Blut". Ich antwortete nicht, aber ich hätte ihr sagen können, dass ich von dieser Tatsache bereits überzeugt war.

Ich werde das Gegenteil tun.

In den folgenden Jahren sollte ich lernen, dass Menschen, die ihrer Leidenschaft für die Berge nachgehen, manchmal stürzen und bluten, und dass die Erfahrung, diesen Menschen zu Hilfe zu kommen, überaus bereichernd sein kann. Gelegentlich schafft es ein verletzter Kletterer nicht, aber selbst dann schöpft man Kraft aus dem Wissen, dass man sein Bestes getan hat.

An der Mercer Island Junior High School (die siebte bis neunte Klassen) beeinflusste mich 1960 ein Low-Budget-Dokumentarfilm mehr als jeder andere Film, den ich jemals gesehen hatte. Bevor das Licht ausging und der Projektor zu summen begann, hörte ich, wie ein Mann namens Jim Whittaker vor dem Skiclub der Mittelstufe über verantwortungsbewusstes Verhalten in den Bergen sprach. Whittaker hatte zusammen mit seinem Zwillingsbruder Lou und einer weiteren Kletterlegende, Ome Daiber, den Film „Mountains Don't Care, But We Do" produziert. Diese Leute waren nicht nur die Produzenten, sondern gründeten zusammen mit verschiedenen Wehrpflichtigen des 1906 gegründeten Clubs „The Mountaineers", eine Organisation, die sich nicht nur dem Klettern und Wandern widmete, sondern auch der Outdoor-Ausbildung und dem Erhalt der verschwindenden Wildnis. Dieser epische Auftritt war die Geburtsstunde des „Seattle Mountain Rescue Council", einer Organisation, die später ein Vorbild für andere freiwillige Rettungsorganisationen in den Bergen des amerikanischen Westens werden sollte.

Nur sechs Jahre später, während der Sommerferien der Universität, war Jim Whittaker mein Chef, nachdem ich einen Job bei REI bekommen hatte. Damals hieß REI noch Co-Op, da Lloyd und Mary Anderson und einige andere Kletterer aus Seattle es ursprünglich als Genossenschaft, eine Kooperative von befreundeten Bergsteigern in den Mountaineers gegründet hatten, um robuste Eispickel mit Hickory-Holz-Schaft, Perlon-Parallellitzen-Kletterseile und geschmiedete Schlaghaken aus Österreich und der Schweiz zu importieren.

Im Jahr 1963 wurde Jim als erster Amerikaner, der den Mount Everest bestieg, berühmt in den ganzen USA. Das war zu einer Zeit, als es noch Mut und Ausdauer brauchte, um einen der vierzehn 8.000-Meter-Gipfel der Welt zu erreichen; anders als heute, wo man nur in guter körperlicher Verfassung sein und ein großes Bankkonto haben muss. Heute kann man sich für 60.000 Dollar die Ausrüstung, Genehmigungen, Flüge, Hotels und Sherpa-Führer kaufen, um sich der Menge anzuschließen und den im Eis festgefrorenen Leichen anderer Kletterer auszuweichen, damit man auf den Gipfel des Everests geschleppt werden kann.

Zu Jim Whittakers vielen anderen Leistungen gehört auch, dass er 1965 Robert F. Kennedy auf den Gipfel des Mount Kennedy führte, einen 4.300 Meter hohen Gipfel des Kluane Lake Nationalparks im Yukon. Das kanadische Parlament hatte den Mount Kennedy zu Ehren von Roberts Bruder, Präsident John Fitzgerald Kennedy umbenannt.

Ich werde das Gegenteil tun.

Der ältere Bruder war im November 1963 in Dallas Texas ermordet worden. In der Freude, die die beiden Männer empfanden, die sich bei dieser Expedition zu einer kameradschaftlichen Beziehung im Bergsteigen zusammengefunden hatten, konnte Jim die Zukunft nicht vorhersehen. Robert Kennedy würde einige Jahre später ebenfalls das gleiche Schicksal erleiden und ermordet werden.

Am 6. Juni 1968 aß ich mit deutschen Freunden zu Abend in einer Pension auf einer Wiese weit oberhalb von Thun im Berner Oberland in der Schweiz zu Abend, als ein verrauschtes Transistorradio die Nachricht brachte, dass der US-Präsidentschaftskandidat Robert Kennedy mehreren Schusswunden erlegen war. Ein paar Typen, die mir am Holztisch gegenübersaßen, sahen, wie ich bleich wurde. Sie fragten, ob es mir gut gehe, und ich sagte ihnen, sie sollten mir nur einen Moment geben, dann würde ich wieder fit sein. Mir ging es aber nicht gut. Meine Trauer war jedoch nichts im Vergleich zu Jims.

Eine Freundin aus der Versandabteilung der Co-Op, mit der ich in Seattle gearbeitet hatte, ließ mich per Brief wissen, wie tief Jim betroffen war. Er reiste zurück nach Washington, D.C., um als Sargträger zu fungieren, und bewies damit einmal mehr, dass Whittaker nicht nur groß war, sondern ein Riese unter den Menschen.

Meine eigenen Erinnerungen an Jims Zeit bei der Co-Op sind prosaischer. Er war der Verkaufsleiter und bat mich von Zeit zu Zeit, im Alleingang die Nachmittags- bis Abendschicht im ursprünglichen Geschäft in der Pike Street im Herzen von Seattle zu übernehmen. In den frühen Tagen nannten die Leute REI die „Mountaineers Co-Op", weil sie sich auf der anderen Seite des Flurs vom Clubraum des Mountaineers-Büros und Hörsaals im Obergeschoss eines Gebäudes über einem Juweliergeschäft und einer Spelunke befanden. Ganz alleine dort zu arbeiten war normalerweise ruhig, und eine anständige Tageseinnahme in dem kleinen Laden betrug etwa 200 Dollar. Heutzutage liegt der jährliche Bruttoumsatz von REI knapp unter vier Milliarden Dollar.

Jim bot mir die Leitung der neuen Filiale in Berkeley, Kalifornien, an, der ersten Expansion außerhalb von Seattle. Ich sagte ihm ab, da ich in ein paar Monaten zum Studium nach Deutschland gehen würde. Wally Smith, einer meiner beiden damaligen Kumpels im Verkaufsraum, nahm den Job an und ging nach Berkeley. Wally wurde CEO von REI, während Dennis Madsen, der andere Freund und Mitarbeiter im Verkaufsraum, CFO wurde. Bereue ich es, Jim an diesem Tag abgelehnt zu haben? Wenn man bedenkt, welche Abenteuer und Missgeschicke mir mein Leben seither beschert hat, lautet die Antwort: Nein.

Ich muss kichern, wenn ich mich daran erinnere, wie Jim manchmal zu Salsa-Tanzbewegungen ansetzte, wenn im Hauptgeschäft in der Eleventh Avenue wenig los war. Ich erinnere mich auch an das Mal, als eine Frau hereinkam und wollte, dass der große, gutaussehende und berühmte Jim Whittaker ihr persönlich Kletterstiefel empfiehlt und verkauft. Als sie sich mit einigen Stiefelboxen hinsetzen und ihre Schuhe und Socken ausziehen sollte, schlich sich Jim jedoch davon und sagte mir, ich solle übernehmen. Das war das erste und einzige Mal in meinem Leben, dass eine Frau enttäuscht war, dass ich ihre Füße berührte. Im Laufe der Jahre hatte ich mir unter meinen Freundinnen den Ruf erworben, jemand zu sein, der gute Fußmassagen gibt. In meinem ersten Jahr an der Pacific Lutheran University hat mir eine Studentin, die in ihrem Krankenschwesterstudium Massagetherapie lernte, beigebracht, wie man das macht. Ich lebe heute in Alaska, aber einige Frauen hier oben ziehen sich immer noch ihre Stiefel aus und bitten um eine Fußmassage, und ich erfülle ihnen diesen Wunsch gerne.

Von meinen Sommerkollegen bei REI, die Aufstiegschancen erhielten, wurde Wally Smith CEO und Dennis Madsen CFO. Dennis pflegte mich zu verspotten, indem er mich „Blitz" nannte, wenn mein Tempo beim Sammeln der tödlich langweiligen Versandaufträge plötzlich nachließ. In späteren Jahren kam Dennis gelegentlich bei PEMCO vorbei, um mich abzuholen und in seinem europäischen Sportwagen zum Mittagessen mitzunehmen.

Als REI nach einem Standort für den Bau ihres neuen Flagship-Stores in Seattle suchten, entschieden sie sich für die 222 Yale Avenue North, ein Grundstück unmittelbar südlich des PEMCO-Gebäudes. Zufällig befand sich mein Schreibtisch gegenüber von den Fenstern im dritten Stock, die zunächst den Abriss eines alten Industriegebäudes und dann den Aushub für den neuen Super-Bergausrüstung-Markt und seine Tiefgarage freigaben. Ich war ein täglicher Zuschauer des Bauprojekts und des Lärms, den es verursachte.

1994 beschloss der Präsident von PEMCO, Stanley O. McNaughton, dass es nachbarschaftlich wäre, ein Mittagessen und eine Besichtigung unserer Einrichtungen zu organisieren, um REI in unserem Stadtteil willkommen zu heißen. Nach einigen Reden führte die Gruppe Wally Smith durch den PEMCO-Komplex. Am Tag zuvor hatte die Personalabteilung allen Mitarbeitern ein Memo geschickt, in dem sie darauf hinwies, dass ein Gefolge von Vorstandsmitgliedern einen VIP durch das Gebäude führen würde. Wir bescheidenen Mitarbeiter wurde angewiesen, ununterbrochen zu arbeiten und nicht mit der Gruppe zu sprechen.

Es war selbstverständlich, dass sich der Tross zu den Fenstern mit Blick auf die REI-Baustelle begeben würde, und die beste Sicht im Gebäude boten die Fenster in der Nähe meines Schreibtisches. Wally sah mich an meinem Schreibtisch und sagte: „Hallo Kristian, ich wusste, dass du hier arbeitest. Wir kennen uns schon lange, nicht wahr?" Ich stand auf, um ihm die Hand zu geben, und hinter Wally bemerkte ich die Konzernkrieger in dunklen Anzügen, die mich finster anstarrten, weil ich die Kühnheit hatte, von meinem Stuhl aufzustehen. Wally setzte sich dann auf die Ecke meines Schreibtisches, und wir plauderten einige Minuten lang. Den strengen Männern hinter Wally blieb keine andere Wahl, als zu warten, bis er fertig war.

Am nächsten Tag war die Tatsache, dass der CEO von REI auf meinem Schreibtisch Platz genommen hatte, ein heißes Thema. Charlie Theaker, ein Freund und Star-Prozessanwalt in der Rechtsabteilung, kannte bereits meine

Ich werde das Gegenteil tun.

Geschichte, wie ich die Gelegenheit ausgeschlagen hatte, die mich zu diesem VIP hätte machen können. Er witzelte: „Kristian, ich denke darüber nach, Aktien zu kaufen. Ich möchte wissen, was du davon denkst, denn was auch immer du sagst, ich werde das Gegenteil tun.

BLUT PISSE & JUBEL ALASKA

Kapitel 4

Es geht dir ins Blut

Am Samstagmorgen im April 1962, um 4:30 Uhr, färbte sich das Cascades-Gebirge in Orange und Rosa am östlichen Horizont. Mein Vater setzte mich an einem Treffpunkt der Mountaineers-Mitfahrgemeinschaft in Seattle ab. Mit einem Grunzen wuchtete ich meinen Rucksack auf die Schultern, und mein Vater sagte: „Wenn ich mal versuchen würde, dich all das Zeug tragen zu lassen, würdest du einen Anfall bekommen". Wie konnte ich Dad das erklären, was Mom Jahre zuvor beobachtet hatte? Das ist nicht wie Rasenmähen oder Benzintanks zum Wasserskiboot schleppen. „Die Liebe zu den Bergen lag mir schon lange im Blut".

Ich war gerade mal 14 Jahre alt, und wir wohnten in einem Haus mit einer sehr langen Uferlinie am Pine Lake in der Nähe von Issaquah, Washington, das damals noch weit entfernt von Seattle im ländlichen King County lag. Ich dankte ihm, dass er mich den ganzen Weg von Issaquah über Mercer Island und über die schwimmende Brücke nach Seattle gefahren hatte. Ich erklärte ihm, dass ich für die Nacht eine Mitfahrgelegenheit zurück nach Hause organisiert hatte und er sich keine Sorgen machen sollte; ich würde wahrscheinlich spät dran sein. Das war das erste Mal, dass ich meinen Eltern sagte: „Ich gehe in die Berge, aber habt keine Sorge!" Doch ich würde es in den darauffolgenden Jahren immer wieder wiederholen.

Elf Stunden nachdem ich mich von Dad verabschiedet hatte, stand ich auf einem 60 cm breiten Felsvorsprung an einer Kletterwand der Klasse 4. Ich löste mein Aluminiumkarabiner-Abseilgerät vom Kletterseil und hakte es an die Gürtelschlaufe meines Sitzgurts. Jetzt war ich an der Reihe, die gleiche Felswand wieder hinaufzuklettern, der ich bereits beim Abseilen vertraut hatte. Ich griff mit der linken Hand nach dem ersten Griff und rief gleichzeitig meinem Freund Pete, oben und wegen der vorgewölbten Felswand für mich im Moment nicht sichtbar, zu: „Steige!" Ich hörte ihn zurückschreien: „Klettere!"

Pete nahm das Seil ein, während ich mich langsam nach oben bewegte und eine verankerte Sitzsicherung ausführte, was bedeutet, dass er das Seil im Bruchteil einer Sekunde um seinen Oberkörper wickeln würde, um mich zu stoppen, wenn er mich „Fallend!" schreien hörte, oder wenn

46

das Seil einfach anfing, durch seine Hände zu gleiten. Ich tauchte später über den Rand der Felsplattform auf und grinste Pete an. „Belay Off!" rief ich, und er antwortete in gleicher Weise mit „Sicherung beendet!", was ebenfalls bedeutete: „Entspann dich!"

Sowohl Pete als auch ich waren Schüler im Anfänger-Kletterkurs der Mountaineers, der im Januar desselben Jahres begonnen hatte. Unser Lehrbuch war die erste Ausgabe von „Mountaineering: The Freedom of the Hills". (Heute ist dieser Wälzer in der 10. Auflage). Unser Training fand an diesem Tag am Mount Erie auf der Fidalgo Insel statt, einem Spielplatz für Kletterer, da er im Frühling schneefrei war, während die Cascades und Olympics noch unter drei Meter Schnee begraben waren. Die vertikalen Steilwände von Erie haben mehr als 400 benannte Routen, die in der Schwierigkeit variieren, von Klettern mit Händen und Füßen über Klasse 4 bis Klasse 6, die Seilverankerungen und Sichern erfordern. Auf Erie gibt es sogar ein paar Überhänge für die wahnsinnig Fitten und Geschickten, die beweisen wollen, dass Spiderman nichts ist im Vergleich zu ihnen; die Rückseite von Mount Erie ist hingegen nur eine angenehme Wanderung durch den Wald bis zum Gipfel.

Erie bietet überwinternden Kletterern einen Weg aus dem Winterschlaf und eine Möglichkeit, Fett zu verbrennen und gleichzeitig ihre Fähigkeiten zu verbessern. Für Anfänger wie Pete und mich war es auch ein Ort, an dem wir die Grundlagen lernen konnten. Dies war die erste Feldexkursion in die eigentlichen Berge des Grundkletterkurses. Im Laufe der Monate würden nur etwa ein Viertel derjenigen, die im Januar die Kursgebühr bezahlt hatten, die Vorlesungen, Übungen und Feldexkursionen (wie Erie) absolvieren und die erforderlichen „Erfahrungsklettereien" absolvieren, um im Oktober abzuschließen.

Das Mindestalter für den Kurs war 18 Jahre, aber der Kletterausschuss der Mountaineers nahm auch Bewerber auf, die so jung waren, wie wir beiden, 14 Jahre alt, wenn erwachsene Kletterer gefunden werden konnten, die auf einem Formular für sie bürgen. Mit Pete und mir waren es insgesamt acht Jugendliche, die 1962 den Kurs begannen, und wir mussten den Kletterkodex der Mountaineers auf Seite 264 von „Freedom of the Hills" auswendig lernen. Von den acht Geboten in dieser Richtlinie lautete eines: „ Das Urteilsvermögen darf bei der Wahl der Route oder bei der Entscheidung, umzukehren, nicht von Wünschen beeinflusst werden". Ein Prinzip, von dem ich später erkannte, dass es mir auf allen Gebieten meines Lebens gut gedient hätte, wenn ich besser darauf geachtet hätte.

Auf Erie zeigte sich alles, was wir über Standsicherung, Ankerplatzierung, Gleichgewichtsklettern und das Allerbeste, das Abseilen, gelernt hatten. Das erste Mal, als ich rückwärts von einer Felswand auftrat und wartete, bis sich das Seil dehnte, bis der Anker hielt, schrie mein Gehirn: „Stopp, du Idiot! Wir werden sterben!" Ich versuchte, mit der panischen Stimme in mir zu argumentieren: „Wir haben das schon einige Male geübt, zwar mit weniger Luft und freiem Fall unter uns, aber es wird uns auch jetzt gut gehen".

Es geht dir ins Blut

Auf dem Felsvorsprung, den ich beim Hochklettern erreicht hatte, stand ich in der Nähe von Pete, der noch saß. Ich holte etwas Proviant aus meinem Rucksack, und er löste sich von seinem Sicherungspunkt und stellte sich neben mich. Ich hatte keine Gelegenheit zu fragen, ob er einige M&Ms wollte, bevor von oben Rufe kamen: „Stein! Stein! Stein!" Ein Kletterer hatte ein handgranatengroßes Stück vom Mount Erie gelöst. Dieser Berg besteht hauptsächlich aus Feldspat-Diorit, der nicht leicht abbricht, aber jeder Berg - vom schwächsten Basalt bis zum mächtigsten Granit - steht unter den Geboten der Schwerkraft.

Ich scannte die Klippen oberhalb, um zu sehen, wo der Stein sein könnte. Uns wurde beigebracht, ruhig zu bleiben, und dass man erst in den letzten Sekunden entscheiden kann, ob man bleibt oder aus dem Weg springt. Pete und ich trugen beide neue REI-Kletterhelme, aber so gut sie auch waren, sie konnten unsere Gesichter nicht vor einem Projektil schützen, das in einem schrägen Winkel von den Felsen abprallt. Plötzlich, ein Volltreffer! Pete wurde zwischen den Augen getroffen. Blut strömte. Ich griff nach meinem Erste-Hilfe-Kasten, um die Wunde zu stillen.

Einige Minuten später stiegen zwei Ausbilder der Mountaineers von oben herab. Pete war bei Bewusstsein geblieben, und seine Pupillen waren normal. Er beantwortete ihre Fragen, während sie versuchten festzustellen, ob er eine Gehirnerschütterung erlitten hatte. Sie verbanden ihn weiter und entschieden, dass er „herausgeführt" werden konnte. Das ist viel besser, als wenn eine Trage hätte hochgebracht werden müssen, denn das hätte bedeutet, dass der Abstieg vom Berg mitten in der Nacht erfolgen würde. Ein großer Kerl wuchtete Petes Rucksack auf seinen eigenen und fragte dann, bevor sie beide gingen, nachdenklich, ob es mir gut gehen würde. Sicher! ich bekräftigte. (Pete landete in der Notaufnahme des Anacortes-Krankenhauses, wo er behandelt und wieder gehen gelassen wurde. Jemand fuhr ihn zu seinem Haus auf Mercer Island. Ich habe nie erfahren, wie seine Mutter auf seinen mit einem Verband versehenen Anblick in dieser Nacht reagierte.)

Ich blieb allein auf dem Berg. Wolkenloser Himmel, kein Windhauch. Kein Grund zur Eile. Ich trank etwas Wasser, um die letzten M&Ms hinunterzuspülen. Meine Fingerspitzen waren gerötet und es schienen Hautpartien zu fehlen. Die Felsen des Mount Erie hatten begonnen, meine Kinderhände in die schwieligen Hände eines Kletterers zu verwandeln.

Ich bewunderte die mutigen Einzelblüten, die die Felsspalten um mich herum schmückten. Ich blickte auf die purpurfarbenen und weißen Gipfel im Westen, die die Frontkette der Olympic Mountains innerhalb des Nationalparks bildeten. Unter meinem Felsvorsprung befanden sich smaragdgrüne Inseln, die scheinbar auf einem himmelblauen Meer schwammen. Die riesige Bucht unter mir war der große Wasserweg zum Landesinneren, den Captain George Vancouver 1792 nach seinem Leutnant Peter Puget diesen riesigen Sund nannte.

Es geht dir ins Blut

Unter meinem Felsvorsprung erstreckten sich scheinbar unendliche Wälder aus Douglasfichten, Zedern und Hemlocktannen. Während ich auf das Grün blickte, erinnerte ich mich an den Frühstückstisch zu Hause, wo Mom eine Ausgabe des „Ladies Home Journal" liegen gelassen hatte. Sie war aufgeschlagen bei einem Artikel, in dem eine Modedesignerin erklärte, dass Grün nicht mit Blau kombiniert werden sollte. Aber von meinem Aussichtspunkt aus war alles, was ich unter mir sehen konnte, Blau auf Grün und Grün auf Blau. Offenbar las Gott keine Frauenzeitschriften.

Die sonnenwarme Luft trug den Duft von Tannen, Flechten auf dem Felsen, Cranberry-Sträuchern, Hartriegel und Lupinen. Nach einem Tag, an dem die jungen Nebennieren (Adrenaldrüsen) in meinem Inneren ihre Säfte immer wieder in mein Blut spritzen mussten, befand ich mich jetzt im Endorphin-reichen Nachglühen. Ich fragte mich, ob die geflügelten und vierbeinigen Kreaturen hier oben genauso von der Pracht der Berge berauscht sein könnten, wie ich in diesem Moment.

Zwanzig Jahre später fand ich eine Antwort - wenn auch auf ganz andere Weise - auf einem Abhang unterhalb des Yakima Peaks im Mount Rainier Nationalpark. Der erste Frost und Schnee des Oktobers in diesem Jahr hatte die Blaubeer-Bonanza des vergangenen Sommers bedeckt. Dann, zwei Wochen nach dem harten Frost, wurde es wieder für zwei Wochen warm. In den bayerischen Alpen nennt man dieses Phänomen Altweibersommer.

Am Fuße des Mount Rainier hatte es die Früchte erwärmt
und alles in eine natürliche Weinkellerei verwandelt, wobei jede pralle Beere zu einer Art winziger Weinflasche
wurde. Verschiedene Drosseln und Eichelhäher waren he-
reingeflogen, um den Schnaps zu trinken. Sie sangen die
Paarungslieder des Frühlings, während sie aufstiegen und
dann wieder abtauchten, oft ihre Landeplätze verfehlten
und Kopf über Schnabel purzelten. Sie ruhten sich aus,
plusterten ihre Federn auf - gewannen etwas Würde zurück
- und verschlangen dann mehr Beeren. Ich fragte mich, wie
Drosseln und Eichelhäher wohl einen Kater ausschlafen.

Mit vierzehn Jahren und dem Grundkurs fürs Felsklettern
im Gepäck, meldete ich mich für die Besteigung des Vulkans Mount Saint Helens an, dessen oberes Viertel 1980
in die Luft gesprengt wurde. Bei der Suche nach Kletter-
hosen in Papas Kleiderschrank stolperte ich über die Filsons (eine beliebte Marke strapazierfähiger Wollhosen aus
Seattle), die er auf seinem Hochzeitsfoto vor den Sol Duc
Hot Springs im Olympic Nationalpark trug. Papa war zwar
gut in Form, aber nicht mehr so schlank wie früher, also
überließ er sie mir.

Die Saint-Helens-Besteigung bot ein paar offene Gletscherspalten und verdächtige Senken, über die wir mit Seilsiche-
rung springen mussten. Das erforderte Teamwork: der Seil-
führer musste so viel - aber wohl nicht zu viel - Spielraum
geben, dass wir springen konnten, ohne nach hinten in
eine verborgene Gletscherspalte gezogen zu werden. Einen

Es geht dir ins Blut

Monat zuvor hatte ich mich auf dem Nisqually-Gletscher des Mount Rainier in die fluoreszierend blauen Tiefen von Spalten abgeseilt. Damals hatte mich ihre Schönheit in Ehrfurcht erschüttert, aber jetzt hatte ich keine Lust, unfreiwillig in eine neue zu stürzen.

Nach dem falschen Gipfel am Rande des Kraters, hatte ich nach 20 Minuten auch den 2.950 Meter hohen geographischen Gipfel erreicht – einen vom Wind gepeitschten Eishügel mit 360°-Panoramablick. Von dort aus musste ich dem Bergsteiger-Dichter zustimmen, der die grandiosen Vulkane des Pazifischen Feuerrings, zu denen auch Saint Helens gehört, als „Inseln im Himmel" bezeichnete.

Nachdem wir es satthatten, gegen den Wind anzukämpfen, stieg unsere dreiköpfige Seilschaft ab in Richtung der Dogs Head Route. Als die Gletscherspalten endlich nicht mehr unter uns waren, lösten wir uns von den Seilen. Nun frei, lagen vor uns ein paar tausend Höhenmeter Gleiten („Glissade", also im Schnee rutschen, meist auf dem Hintern). Zuerst war der Schnee kissenweich, aber während der Zeit als die Abfahrt weiterging, betäubte das raue, unebene Eis meinen Hintern so sehr, dass ich ihn nicht mehr spürte. Was ich nicht wusste, war, dass der Schnee weiter unten auf dem Berg mit scharfen Bimssteinscherben und kantigen Schlackestücken durchsetzt war. In meiner langen Glissade hatte ich Papas starke Filsons also mit Bimsstein abgerubbelt und meine weiße Baumwoll-Unterhose darunter teilweise zerfetzt. Zum Glück war der Berg zu Ende, bevor ich eine lange Blutspur hinterlassen hatte.

Auf dem Kletterpfad zurück zum Parkplatz wurde es wärmer (und mit „es" meine ich mein Hinterteil). Ich spürte eine Brise auf meinen Backen, und zwar nicht auf jenen in meinem Gesicht. Eine junge Kletterin kam hinter mir vom Berg und informierte mich über meine Situation. Gekränkt zog ich meinen Parka aus und band ihn mir um die Taille; dort blieb er, bis ich später in der Nacht in mein Haus am Pine Lake ging.

Mit gerade fünfzehn Jahren, an einem sonnigen Juli-Nachmittag um zwei Uhr, wischte ein leichter Wind auf dem blau strahlenden Himmel den Schweiß von meiner Stirn. Ich ließ meinen Rucksack fallen und stellte ihn neben meinen Füßen auf den kantigen Granodioritplatten des 2.390 Meter hohen Gipfels des Sloan Peak ab, 20 Kilometer südwestlich des Glacier Peak gelegen. Von unserem Gipfelblickpunkt aus dominierte die weiße Pracht des 3.219 Meter hohen, majestätischen Stratovulkans Glacier Peak den östlichen Horizont, während fünfzig andere Gipfel der Cascades-Kette ihm huldigten.

Auf dem Sloan-Aufstieg fand ich mich in der Gesellschaft einiger Bergsteiger-Legenden des Pazifischen Nordwestens wieder. Während sie ihre Lunchpakete leerten, nannten sie dutzendfach die Namen der kleineren Gipfel, die an diesem diamanthellen Nachmittag sichtbar waren. Ich war überwältigt. Sie erzählten von Buschwanderungen am Chilliwack nahe der kanadischen Grenze, der Errichtung von Hochlagern auf den Supergletschern der Alaska Range

54

und der Besteigung des Mount McKinley (der erst 2015 offiziell in „Mount Denali" umbenannt wurde). Ich fragte mich: Wie konnten Sterbliche nur so viel wissen?

Die alpinen Gletscher des Sloan waren relativ klein. Trotzdem brach ich beim Abwärtsstürzen durch eine verborgene Gletscherspalte, groß genug für mich und mein ganzes Seil-Team. Ich schrie: „Fallend", aber da ich meinen Körper von dem Loch weg nach hinten werfen konnte, stellte sich das unverzügliche Fallenlassen meines Teams in den Schnee mit den Eispickeln als Haltepunkt als bloße Übung heraus. Ich ging dann ein paar Schritte rückwärts, blickte in den Abgrund, schauderte ein wenig und wies mein Seil -Team an, zurückzuweichen und diesen Fallstrick zu umgehen.

Eine weitere, spannende Gletschergeschichte ereignete sich etwa 15 Jahre später am Mount Baker. Ich war damals 30 Jahre alt und selbst Grundkursleiter für Bergsteigen geworden. Es war spät an einem Sommertag, was bedeutete, dass die harten Schneebrücken des Morgens weich und brüchig geworden waren. Nach dem Gipfelsieg hatten wir das Hochlager am Fuße vulkanischer Felsnadeln gegenüber dem Merkmal der sogenannten Römischen Mauer abgebaut. Beim Abstieg ist es leicht, die innewohnende Gefahr zu vergessen und vom Erfolg berauscht zu sein. Vom Lagerplatz auf dem Gletscher aus wäre es nur noch eine Stunde, bis wir die Steigeisen auf den Seitenmoränen namens Heliotrope Ridge ablegen würden. Dann würden wir den Rest des Weges, erst über Felsen und dann auf Schotterpisten, zurück zu den parkenden Autos wandern.

Nach dem Aufbruch aus dem Lager nahmen wir unsere Positionen wieder ein, verteilt auf vier Seilschaften von jeweils drei Kletterern. Ich befand mich in der Mitte der ersten Seilschaft. Bald darauf stiegen wir an einer Reihe von offenen Spalten und kleineren Seracs, den sogenannten „College-Gletscherspalten", ab, die in Erinnerung an sechs Studenten der Western Washington University benannt wurden, die dort Jahre zuvor ums Leben gekommen waren.

Mir fiel auf, dass der 22-jährige Andy, der Anführer unserer Seilschaft, sich diesen Gletscherspalten viel zu weit genähert hatte. Ich rief ihm zu: „Stopp! Halte an! Du bist zu nah und hast auch viel zu viel Seil draußen". Der Hang war steil, aber er stieg weiter ab. „Hast du mich gehört? Beweg dich nicht! Du hast zu viel Spiel". Endlich drehte er sich zu mir um, und ich fuhr fort: „Siehst du dieses Monsterloch rechts von dir? Es hat einen Überhang, und du bist auf...". - Andy war in einer Sekunde verschwunden. Ich schrie für ihn zu den anderen: „Fallend!"

Mit dem Schaufelaufsatz meines Eispickels gegen meine linke Schulter schlug ich im Selbstrettungsmodus auf den Gletscher und bohrte die Spitze so tief wie möglich in das Eis unter der weichen Oberfläche. Ich sah nichts außer dem Schnee vor meiner Brille. Drei unendlich lange Sekunden wartete ich darauf, dass das Seil straff wurde und mich anfing dorthin zu ziehen, wo Andy verschwunden war. Zum Glück hatte die Frau hinter mir das Seil straff gehalten, und auch sie hatte sich sofort in die Selbstrettung fallen lassen, als ich rief. Als das Seil endlich straff wurde, wurden wir nur etwa zweieinhalb Meter gezogen, bevor wir Andys Fall stoppen konnten.

Wir alle versammelten uns am Rand der Gletscherspalte und arbeiteten zusammen, um Andy wieder an die Oberfläche zu bringen. Als er auftauchte, sah sein Aluminium-Rucksack aus wie eine Brezel, aber das war gut, da er so seinen Sturz gebremst hatte. Abgesehen von ein paar blauen Flecken war er in Ordnung. Nachdem wir unsere Gletscherrettungs-Ausrüstung verstaut hatten, gruppierten wir uns alle wieder in unserer ursprünglichen Formation, um den Abstieg zu beenden. Den Rest des Weges vom Gletscher hinunter hielt Andy das Seil zwischen ihm und mir sehr straff.

Nachdem wir uns auf den Felsen des Heliotrope Ridge ausgeklettert hatten, hatte Andy noch nicht einmal seinen Sitzgurt abgenommen, als er anfing, von seinem Nervenkitzel zu erzählen, sich für eine weitere Erlebniskletterei am nächsten Wochenende anzumelden. Es war jetzt klar. Es war ihm ins Blut gegangen.

Der Sloan Peak in der Henry M. Jackson Wildnis, ein weiterer
späterer Naturschutzerfolg angrenzend an die Glacier Peak Wildnis.

Kapitel 5

Basalt und Granit heißen „Basic and Acid Rock".

Nachdem Pete auf dem Mount Erie zwischen die Augen getroffen wurde, wusste ich, dass ich Wildnis-Sanitäter werden wollte. Ich hatte den Standard-Erste-Hilfe-Kurs des Amerikanischen Roten Kreuzes abgeschlossen, und der nächste Schritt war das Fortgeschrittenenprogramm. In späteren Jahren wurde mein wichtigstes Nachschlagewerk *Medicine for Mountaineering*, Zweite Auflage. Dieses Handbuch, inzwischen in der siebten Auflage erschienen, ist ein weltweit bekannter Feldführer.

Allein akademische Erwägungen bestimmten nicht die Wahl meiner Universität. Im letzten Jahr der Highschool wusste ich bereits, dass ich sowohl Germanistik als auch Philosophie studieren wollte. Gleichzeitig war mir klar, dass ich nicht an die Ostküste ziehen und die beiden Gebirge der Cascades und der Olympics an der Westküste hinter mir lassen wollte. Glücklicherweise fand ich mit der Pacific Lutheran University (PLU) einen Ort, an dem sich akademische Exzellenz und die Pracht der Berge harmonisch vereinten.

PLUs akademische Wurzeln liegen in der deutschen Reformation und boten somit den idealen Boden sowohl für mein Sprachstudium als auch für das Eintauchen in die westliche Philosophie, die ihre Anfänge im antiken Griechenland hat. Während meine akademische Laufbahn florierte, konnte ich meinen naturwissenschaftlichen Interessen gerecht werden, indem ich zusätzlich Geologie als Nebenfach belegte. Und was die Berge betraf, so lag die Universität auf einer glazialen Aufschüttungsebene am Fuße des Mount Rainier, dessen Nisqually-Gletscher-Eingang nur eine Stunde entfernt war.

An der PLU dehnte ich die Skisaison auf beiden Enden, früh im Herbst und spät im Frühling, aus. Samstags war ich auf den Pisten, sonntags in den Büchern. Doch wenn die Luft klar war und der große Berg die Campusansicht dominierte, geriet ich ins Wanken. Mein olivgrüner Studebaker Kombi trug noch Schatten von Regierungsaufklebern an den Türen, denn in seinem früheren Leben hatte er einem Ranger im Mount Rainier Nationalpark gehört. An einem Sonntag rief mich das Auto, in die Berge zu fahren, also schloss ich meine Bücher, schnappte meinen Tagesrucksack und joggte zum Studentenparkplatz. Es schien, als ob der Kombi den Weg zum Mount Rainier von selbst kannte.

Reinhold Messner, der Südtiroler Bergsteiger-Superheld und weltberühmte Autor, formulierte diese Frage als Jugendlicher: „Was ist besser? Sonntags in der Kirchenbank zu sitzen und an nichts anderes denken zu können als an die Berge, oder in den Bergen zu sein und über Gott nachzudenken?" Messner musste sich vielleicht keine Sorgen um eine Prüfung am Montagmorgen machen, oder bis Mittag ein Referat abgeben, aber seine Worte spiegelten meine Gefühle in Bezug auf Prioritäten wider.

Spät am Sonntagabend kehrte ich zurück ins Studentenheim; mein Mitbewohner schlief bereits. Ich warf meinen Rucksack auf mein Bett und zog den Vorhang für meinen Arbeitsbereich zu. Das Schreibtischlicht würde bis zum Morgengrauen ausreichen. Meine tragbare Royal-Schreibmaschine, an die ein Techniker deutsche Schriftzeichen angebracht hatte, war zwar laut, aber mein Mitbewohner rührte sich nicht. Später erfuhr ich, dass er aufgrund meiner Gewohnheiten Ohrstöpsel benutzte. Um 7:35 Uhr zog ich das letzte Blatt Papier aus der Schreibmaschine und machte mich auf den Weg zur Columbia-Center-Mensa für Kaffee und ein Croissant auf dem Weg zum Unterricht. Im großen Speisesaal dominierte der Mount Rainier die Aussicht durch die riesigen Glasfenster, und als ich an meinem Kaffee nippte, hielt ich erneut inne, um seine Gletscher im

Morgenlicht zu betrachten. War es das Koffein oder der Blick auf den Berg, der mich ins Leben zurückholte? Egal, ich würde diesen Nachmittag schlafen.

Als Laborassistent für Geologie an der PLU half ich Studenten, Gesteine und Kristalle zu identifizieren, und überwachte ihre Prüfungen. In meinem Wohnheimzimmer lauschte ich Beethoven, Haydn, Schubert, Brahms, Mozart und Heinrich Schütz auf meiner Stereoanlage.

Mein drittes Universitätsjahr war an der Universität Freiburg, wo ich in die Phänomenologie, den Existenzialismus, und andere Lehren von Martin Heidegger, Edmund Husserl und anderen studierte. Ich war von den Konzepten des Wesens, Seins, Daseins, und des Seienden überwältigt. Aber ich durfte mich auch in die buchstäblich bodenständigeren Themen der Horst- und Grabengeologie des Oberrheins eintauchen. Ich war aber dabei noch weiter von der amerikanischen Popkultur entfernt als vor meiner Abreise.

Was meine Faszination für die Geologie betraf, so wusste ich, dass die „Acid" (sauren) Gesteine im Allgemeinen kristallin, aber auch die stärksten und härtesten waren. Zu ihnen gehörten Granit, Schiefer, Feldspat, Gneis und Diorit. Am anderen Ende des chemischen Spektrums befanden sich die „Basic" (basischen) Gesteine, die weicher und leichter verwitterbar sind als saure Gesteine. Die großartigen Vulkanite, Pyroklastika und Basalte des Cascade-Gebirges fielen im Allgemeinen in diese Kategorie. Aber saure Eigenschaften übertrugen sich auch auf basische Gesteine und umgekehrt, besonders bei Beispielen von phänomenal schönen metamorphen Gesteinen. Obwohl ich

Basalt und Granit heißen „Basic and Acid Rock".

Acid Gesteine ästhetisch ansprechender fand, liebte ich die Wände mit Säulenbasalt und die Aufschlüsse von Kissenbasalt in alten Strömen westlich des Mount Rainiers.

An meinem zweiten Wochenende zurück an der PLU, direkt nach dem Sommersemester in Freiburg, wurde ich zu einer Party außerhalb des Campus eingeladen. Gütiger Himmel! Warum ich? Ich stand eine Weile herum, aber dann hörte ich zwei Studienanfängerinnen über Geologie sprechen. Eine schwärmte der anderen vor, dass sie (weiche) Soft Basic Rocks lieber mag als das harte Acid Rock. Die andere junge Dame konterte: Nein, Hard Acid Rock ist viel kraftvoller; es ist doch ein bisschen grell, aber es hat mehr Substanz.

Wie im Namen von Louis Agassiz wussten diese gerade erst aus der Highschool gekommenen Mädchen so etwas? Egal, ich merkte, dass mein Abend doch nicht langweilig werden würde. Aber wie konnte ich mich an ihrer Unterhaltung beteiligen? Ich würde sagen, dass ich sie belauscht habe und dass ich von Gabbro fasziniert bin, das aus einer geschmolzenen Vereinigung von saurem und basischem Gestein entstehen kann. Der Raum war voll, und ich bezweifle, dass die Mädchen mich überhaupt bemerkten, aber bevor ich den Mund aufmachen konnte, fingen sie an, Bands und Künstler zu nennen, die ihre Lieblings-Rockmusik spielten. Oh je. Ich schlich mich davon und öffnete die Glasschiebetür zur Veranda; die kühle Luft tat meinen roten Wangen gut.

Nach meinem Abschluss an der PLU verbrachte ich den
Sommer 1969 im französischsprachigen Teil der Schweiz,
wo ich an der Universität Genf Ferienkurse (Cours de va-
cances) belegte. An den Wochenenden flüchtete ich wann
immer möglich in die Schweizer und französischen Alpen.
Danach begann ich mein Magisterstudium als Lehrassis-
tent in der Germanistik-Abteilung der University of Washington. Anschließend brauchte ich einen Job. Meine
erste Anstellung war als Deutschlehrer in der Abteilung
Abendunterricht am Highline College in Des Moines,
Washington, einem Vorort südlich von Seattle. Ich lernte
schnell, dass ein Vorteil der Tätigkeit als Lehrbeauftragter
war, dass ich pro Quartal einen kostenlosen Kurs am College belegen konnte.

Eines Abends, als ich vor meiner Deutsch-Klasse eincheck-
te, stapelten sich neben dem Schreibtisch der Verwaltungs-
assistentin der Abendschul-Abteilung Kisten: Verbände,
Schlingen, Schienen, Plastikatemwege, chirurgisches Klebeband und Rollen um Rollen Gaze. Ich fragte sie, wofür
dies alles sei, und sie antwortete, sie habe alles von der Liste
für die Ausbildung zum Rettungssanitäter (Emergency
Medical Technician - EMT) bestellt, die in zehn Tagen
beginnen würde. Das Programm wurde vom King County
für Feuerwehrleute subventioniert, mit dem Ziel, sie von
gelegentlichen Ersthelfern auf Vollzeit-EMT-Sanitäter zu
befördern.

Basalt und Granit heißen „Basic and Acid Rock".

In der Hoffnung, dass es nicht zu schön sei, um eigentlich wahr zu sein, fragte ich: „Wäre dieser Kurs für mich als Lehrkraft zugänglich?" Sie sagte, dass niemand im Personal jemals danach gefragt habe, aber ich solle einfach warten und sie würde sehen, was der Abteilungsleiter sagen würde. Fünf Minuten später kam sie mit einem breiten Lächeln zurück. „Ja, auch wenn es sich um ein Vertragsprogramm handelt, wurde es als Teil des College-Lehrplans nummeriert und betreut, also ja, Sie sind berechtigt. Lassen Sie uns die Anmeldeformulare ausfüllen. Sie wissen doch, dass alle anderen in Ihrem Programm Feuerwehrleute sein werden, die bereits Erfahrung in der Notfallhilfe haben?" Ich nickte.

Zum Glück kollidierten meine Deutschkurse nicht mit dem EMT-Programm. Dieser Stundenplan bedeutete jedoch, dass ich jeden Wochentagabend am Highline College verbrachte und an einigen Wochenenden praktische Übungen im Gelände absolvierte.

Am ersten Abend des Kurses kam ich früh an und wählte einen Schreibtisch in der letzten Reihe. Etwa zwei Dutzend anderer Typen Anfang zwanzig, so wie ich, waren bereits da und versammelten sich in der Mitte des Raumes. Es waren Feuerwehrleute, die alle am Tag zuvor bei einem Frontalzusammenstoß zusammengearbeitet hatten, bei dem beide Fahrzeuge Feuer fingen. Sie sahen einen Torso, der von einem Arm getrennt war. Nachdem sie die Flammen gelöscht hatten, benutzten sie die Jaws of Life, um zwei kritisch verbrannte Kinder zu erreichen, von denen sich Hautstücke ablösten, aber die noch am Leben waren. Die EMT-Rettungssanitäter vor Ort übernahmen sie und brachten sie in die Brandabteilung des Harborview-Medical-Center in Seattle.

Die Jungs in meinem Klassenzimmer erzählten auch davon, dass sie Gehirnmasse auf den Polstern eines der Autos gesehen hätten. Einer der offensichtlich verstorbenen Kerle hatte den größten Teil seines Kopfes verloren; die Feuerwehrleute wurden zurück zur Wache gerufen, bevor der Schädel gefunden werden konnte. Während ich diesen Geschichten lauschte, verdrehte sich mein Magen zu einem Knoten. Ich fragte mich, ob ich mit so etwas umgehen könnte. Dann kamen die beiden Lehrekräfte ins Klassenzimmer. Es waren ein Beamter des EMT-Programms bei King County und ein Facharzt für Notfallmedizin. Wir alle – etwa 16 junge Männer - nahmen Platz, und mit beiden Experten am Pult vorne begann der Unterricht. Mein Magen hörte bald auf, seine Gymnastikübungen zu praktizieren.

Nacht für Nacht, Woche für Woche, unterhielten sie die Klasse mit Melodramen, Tragödien und Komödien, die sich auf Einsätze bezogen, die die beiden Lehrer als „Kampf-Notfallmedizin" bezeichneten. Der Ort, an den ein EMT-Sanitäter einen Patienten bringt, die Notfallabteilung eines Krankenhauses, wird im Englischen einfach „Emergency Room" (Notfallraum) genannt, obwohl dieser aus viel mehr als nur einem Raum besteht: zahlreiche Untersuchungsräume, Büros, Räume für Diagnosegeräten und Operationssäle. Etwas Lustiges, was sich nur im Englischen verstehen lässt: Die Abkürzung von Emergency

Basalt und Granit heißen „Basic and Acid Rock".

Room (ER) änderte sich über die Zeit zum präziseren „ED" für Emergency Department, aber diese beiden Buchstaben nahmen schnell eine andere Bedeutung ein, als der US-Senator und Präsidentschaftskandidat von 1996, Bob Dole, anfing, für Viagra von der Pharmafirma Pfizer zu werben. Im TV plädierte er vor der ganzen Öffentlichkeit für das Medikament, damit Männer wie er selbst, die an Impotenz oder erektiler Dysfunktion (ED) leiden, Hilfe finden könnten. Er brach das Tabu, in Amerika darüber zu sprechen, und plötzlich bedeutete ED überall in den USA etwas ganz anderes als die Notfallabteilung eines Krankenhauses.

Der Notfallfacharzt, der uns unterrichtete, erklärte, dass wir uns daran gewöhnen würden, nackte Leute zu sehen, wie zum Beispiel Brandopfer oder Frauen und Männer, die sexuelle Übergriffe erleiden mussten. Er erklärte weiter, dass wir bei schweren Unfällen mit der Schere mit zarten, aber doch schnellen Schnitten Kleidung entfernen müssen, um die Quelle von Blutungen zu bestimmen oder den Ursprung von Knochenbrüchen zu finden, die durch einen Hemdsärmel oder ein Hosenbein verdeckt sind. In jedem Fall wäre es wichtig, sich dem Opfer vorzustellen und genau zu erklären, was wir tun. Während der Arbeit würden wir Fragen stellen wie „Wo tut es am meisten weh?". Gespräche helfen bei der Triage und auch dabei, den Bewusstseinszustand und die Nüchternheit des Opfers zu bestimmen. Einer oder zwei von uns würden den ganzen Weg ins Krankenhaus im hinteren Teil des Rettungsfahrzeugs bleiben und das Gespräch mit den Verletzten fortsetzen, um so ihren Bewusstseinszustand zu überwachen.

In der Unterrichtseinheit zur Bewältigung der Folgen sexueller Gewalt lernten wir, dass die Unwahrscheinlichkeit von Szenarien von der Realität übertroffen würde. Gegenstände wie eine kaputte Glühbirne, eine Wodkaflasche, eine Taschenlampe oder sogar ein Hockeyschläger könnten in den urogenitalen oder analen Öffnungen eines Menschen gefunden werden, wurde uns gesagt. In den meisten Fällen bestand unsere Aufgabe aber nicht darin, solche Gegenstände vor Ort zu entfernen, es sei denn, ein Arzt am Funkgerät forderte uns dazu auf. Wir sollten die Verletzten stabilisieren und Blutungen kontrollieren. Aber niemals, auch wenn wir dachten, das Opfer sei bewusstlos oder tot, sollten wir Verachtung, Erstaunen oder Abscheu über das Geschehene äußern.

Solche Gespräche müssten bis nach der Dienstzeit warten. Der Arzt sagte, er könne nicht erwarten, dass wir unser Staunen über das Gesehene zurückhalten würden, aber wir sollten ihm einfach vertrauen. Mit der Zeit würden das Grausige und das Bizarre zwar sofortige Aufmerksamkeit erfordern, uns aber ansonsten kaum eine Augenbraue heben lassen.

An einem Freitag im Frühling musste unsere Klasse um 6 Uhr morgens ins Check-in-Büro des Amtlichen Todesermittlers in der großen Leichenhalle für ganz Seattle und King County eintreffen. Im Jahr 1973 befand sich die Einrichtung im enorm großen Keller der ehemaligen Queen Anne High School, einem imposanten Gebäude von gewaltigen Ausmaßen in der Nähe des Geländes, wo 1962 die Weltausstellung stattfand. Diese Anlage war aber ein bloßes Provisorium, bis die Wähler von King County den Bau einer erweiterten, größeren Leichenhalle an einem anderen Ort genehmigten.

Wir, die EMT-Studenten des Highline College, mittlerweile auf etwa 12 reduziert, sollten als studierende Beobachter an einer Lehrautopsie teilnehmen. Nach der Registrierung in der Verwaltung nahmen wir stehend in einem Halbkreis unter einer Gruppe von OP-Saal-Leuchten Platz. Der Boden war aus poliertem Beton. Ein Mitarbeiter rollte einen Edelstahlwagen herein, ähnlich einem OP-Tisch, jedoch ohne Polsterung. Er war leicht geneigt und hatte erhöhte Ränder, die zu einem Abflussloch führten, das am unteren Ende mit einem Abwasserkanal verbunden war. Die Lichter gingen an, und vor uns lag ein nackter, übergewichtiger Mann, vermutlich in den Fünfzigern, kahlköpfig.

Der leitende Gerichtsmediziner betrat den Raum, bekleidet und mit Handschuhen, eine OP-Maske in der Hand. Er stellte sich neben den Tisch mit seinen Instrumenten. Dazu gehörten Skalpelle, gewöhnliche Teppichmesser, leere Probengefäße, eine Metallsäge, eine elektrische Kreissäge und verschiedene Schwämme. Der Arzt begrüßte uns und ließ uns alle selber vorstellen, dann setzte er seine Maske auf und begann.

Abgesehen von der fehlenden Bettwäsche sah der Verstorbene aus, als ob er nackt schlafen würde, abgesehen von dem quälend unbequem aussehenden Holzklotz, der seinen Kopf stützte. Mein Platz befand sich neben der linken

Schulter des Verstorbenen, die eine monströse Wunde aufwies, die einen frakturierten Humerus enthüllte; der Knochen hatte sich offensichtlich in den Arm zurückgezogen, nachdem er durch Muskeln und Haut gerissen war. Der Gerichtsmediziner erklärte uns, dass dieser Herr nach Mitternacht von einem Rettungswagen eingeliefert worden war. Die EMT-Sanitäter brachten ihn nicht in ein Krankenhaus, weil er sich bereits in der Totenstarre befand, und der diensthabende Arzt hatte den vorläufigen Totenschein im Leichenschauhaus ausgestellt. Er wählte diesen Leichnam für uns Studenten aus, weil die Polizei von Seattle eine vollständige forensische Untersuchung zur Feststellung der Todesursache gefordert hatte, die offenbar mehr als nur die Schulterverletzung war.

Bevor er einen Schnitt machte, wies der Arzt die Studenten darauf hin, dass dieser Körper keine blauen Flecken auf der Brust und keine Anzeichen von gebrochenen Rippen durch Herz-Lungen-Wiederbelebung aufwies. Die EMT-Sanitäter hätten anscheinend bei der Ankunft erkannt, dass er eindeutig verstorben war. Dann drückte er seine Frustration aus: „Warum sehe ich so viele gebrechliche alte Damen und Herren mit unnötig gebrochenen Rippen? Könnt ihr, die EMT-Leute, die Toten nicht mit mehr Würde behandeln?" Diese Bemerkung sollte im Laufe der nächsten Stunden, in denen es ihm an Witzen und Galgenhumor nicht mangelte, an Ironie gewinnen.

Seine erste Handlung war es, mit einem großen Teppichmesser einen Y-Schnitt von den Brustwarzen bis zum Schambein des Verstorbenen zu ziehen. Er verwendete ein

Basalt und Granit heißen „Basic and Acid Rock".

Y anstelle einer geraden Linie, falls das Bestattungsunternehmen ihn in einem Hemd mit offenem Kragen aufbahren wollte. Als er die Rippen mit knisternden Geräuschen zurückklappte, kommentierte er: „Sehen Sie her! Dieser Mann war kein Raucher; die Lungen sind gesund rosa".

Um uns Studenten den Unterschied zu verdeutlichen, rannte er zu einer Reihe von Kühlschränken und holte ein in Plastikfolie eingewickeltes Exemplar. Es war für ihn illegal, Körperteile zurückzubehalten, aber hey, manchmal ist das, was man findet, so bizarr, dass man die Regeln ein bisschen beugen muss, um den Studenten, die vielleicht Raucher sind, etwas beizubringen, meinte er. Er ließ uns das Lungengewebe herumreichen. Was ich sah, als es zu mir kam, war Plastikfolie über einem Brieftaschengroßen Stück Lunge, das schwärzer war als Tinte. Im Gegensatz zu einem normalen Stück Lunge war es so steif und hart, dass es, wenn ich es fallen ließ, eher zurückprallen würde als zu zerplatzen. Und als ich es zwischen Zeigefinger und Daumen drückte, machte das schwarze Stück ein knisterndes Geräusch, wie wenn man trockene Corn Flakes isst.

Die behandschuhten Finger des Untersuchungsarztes tasteten jetzt in den Rippenkorb, entlang der rechten Lungenlappen bis zur Brustwand unter der Schulter des Verstorbenen. Er zerrte theatralisch, bis ein Stück wie ein gerissenes Gummiband herausflog. „Sie haben gelernt, dass der Pleuraraum zwischen der Lunge und der Brustwand glitschig ist. Das hier ist eine Rippenfellentzündung. Sie ist immer schmerzhaft, aber ich nehme an, dass dieser Mann einfach gelernt hat, damit zu leben". Dann schnitt der Arzt die Lungen auf beiden Seiten heraus und ließ sie in einen Putzkübel plumpsen, der auf dem Tisch neben der rechten Hüfte des Verstorbenen stand.

Als nächstes kamen Magen, Dünndarm, Dickdarm – alles in Ordnung. Die Leber war jedoch zu groß und sah aus wie eine Leberzirrhose, die durch langjährigen Alkoholmissbrauch oder Hepatitis C verursacht wurde. Sie wölbte wahrscheinlich den Bauch vor, vermutete der Untersuchungsarzt. „Er war wahrscheinlich Alkoholiker, aber die Leber war nicht seine unmittelbare Todesursache. Wir müssen noch weitersuchen". Jetzt war das Herz daran. Er schnitt es so fein, wie wenn man in der Feinkostabteilung Salami bestellt. „Auch hier nichts Falsches".

Obwohl ich auf der Farm meines Onkels in den Bald-Hills im Vorland des Mount Rainier nach dem Schlachten die Regenbogenfarben der Viehdärme gesehen hatte, war ich dennoch noch überrascht von den reflektierenden Farbtönen der Organe im Inneren des Bauchfells. War das alles farblich kodiert, damit es Erstsemester-Medizinstudierende leichter bei Anatomieprüfungen hätten? Der Arzt hob und zerrte an den oberen und unteren Därmen, dann schnitt er den Deckel der Bierkrug-großen Blase ab und tupfte mit einem Schwamm den Urin auf, damit wir hineinblicken konnten, um das spitze Ende zu sehen, das in die Harnröhre und hinunter durch die Prostata mündete. „Auch hier alles wie erwartet". Eine ganze Reihe weiterer Organe landete im Putzkübel. Die Ester (organische Säuren) und anderen inneren Gerüche und Gestanke konkurrierten mit dem Geruch seines Fettes, das den widerlichen gelben

Klumpen auf dem rohen Hähnchen ähnelte, welches in meinem Kühlschrank zu Hause lag.

Nun folgte eine vollständige äußere Untersuchung seiner Haut und Genitalien. Ich musste zurücktreten, damit der Gerichtsmediziner auf meine Seite des Tisches kommen konnte, um die Schulterwunde genauer zu untersuchen. Außer dem offensichtlichen Bruch der linken Schulter mit den vielen zerrissenen Muskelfasern fand der Gerichtsmediziner nichts, das ihn beunruhigte.

Nach all diesen Vorspeisen war es nun Zeit für den pièce de résistance, den Hauptgang, den kahlen, grauen Kopf. Der Gerichtsmediziner stellte fest, dass der Mann sich kürzlich rasiert hatte, und seine wenigen Haare ordentlich geschnitten waren. Dies bedeutete wahrscheinlich, dass er einen Job hatte, bei dem er mit der Öffentlichkeit in Kontakt kam. Als der Arzt den Holzblock wegzog, der den Schädel stützte, plumpste dieser auf dem Edelstahltisch. Beide Augenlider flogen auf. Ich zuckte zusammen. Autsch! Das muss wehgetan haben.

Der Gerichtsmediziner benutzte ein stabileres Skalpell, um den Kopf des Mannes ringsum zu schneiden, wobei er darauf achtete, nicht die Stirn zu verletzen - wieder aus Rücksicht auf das Aussehen des Körpers bei der Beerdigung. Er rollte die Haut über die Ohren und den Nacken herunter. Dann nahm er eine elektrische Kreissäge und sägte eine Linie um die Ohren herum, um eine Schädelkappe abzuspalten, die alsbald geräuschvoll auf dem Stahltisch herumrollte.

Danach griff er mit einer Hand hinter die Augen und hob das Gehirn hoch genug, um es mit einer Gartenschere abzuschneiden, damit es von seiner Verbindung zur Wirbelsäule getrennt werden konnte. Dann legte er diesen menschlichen Prozessor auf eine auf Augenhöhe liegende Untersuchungsplattform. Scheibe für Scheibe bahnte er sich seinen Weg durch die Lappen. „Sehen Sie her. Hier hatte er einen Schlaganfall, aber das war nicht die Todesursache, nach der ich suche. Wahrscheinlich hatte er ein paar Monate lang höllische Kopfschmerzen. Wenn dieser Schlaganfall nur fünf Zentimeter weiter in diese Richtung gewesen wäre" - er zeigte mit seinem behandschuhten Zeigefinger – „hätte er wahrscheinlich einseitige Lähmung und Sprachverlust erlitten". Er suchte weiter. „Jetzt sind wir auf etwas Interessantes gestoßen! Das da ist eine Hirnblutung. Ein Trauma, das überlebbar ist, wenn man schnell genug medizinische Hilfe bekommt. Deshalb schalten Sie in einem solchen Fall sofort die Sirenen an, damit die Kopfverletzung notoperiert werden kann".

Der Arzt ging zu seinen vorläufigen Schlussfolgerungen über. Dieser Mann könne sich den Kopf auf einem Betonboden wie dem, auf dem wir stehen, gestoßen haben, aber der offene Humerus Bruch mache die Geschichte kompliziert, so dass ein einfacher Sturz in der Wohnung unwahrscheinlich sei. Der Arzt warf er auch das Gehirn in den Pützkubel. „Der EMT-Sanitäter-Bericht besagt, dass der Mann, der in seinem blutgetränkten Bett gefunden wurde, bereits steif war. Es sieht also so aus, als ob sein Tod möglicherweise erst gemeldet wurde, als er zum Beispiel nicht zur Arbeit erschienen ist und bei einem Anruf das

Telefon nicht abnahm. Wenn er eine Treppe hinuntergestürzt wäre, könnte das seine linke Schulter erklären. Und wenn er betrunken gewesen wäre, hätte er vielleicht einfach seinen Weg nach Hause gemacht und sich trotz der großen Blutung ins Bett gelegt, auch wenn dieses Szenario eher unwahrscheinlich erscheint. Das sind jetzt nur Möglichkeiten oder Theorien. Ich werde die Polizei bitten, die Treppen und die Umgebung auf Hinweise zu untersuchen, wie zum Beispiel tropfendes Blut oder vielleicht sogar ein kaputtes Geländer. Auch wenn er schon eine Weile tot ist, wird uns der toxikologische Bericht sagen, ob er zum Zeitpunkt des Todes betrunken war".

Er fragte uns: „Können Sie sich vorstellen, was er beruflich gemacht hat?" Stille. Also fing er selbst an: „Seine Hände sind sauber, kein Dreck unter den Fingernägeln. Keine Schwielen, also war er kein Handwerker. Ein frischer Haarschnitt. Ein Alkoholiker hat es leichter, wenn er sich während der Arbeit heimlich Schnaps zuführen kann. Kein Ehering oder Anzeichen einer Ringfurche am Finger. Meine erste Vermutung ist, dass er vielleicht ein geschiedener Barkeeper war".

Dann war es vorbei. Der Gerichtsmediziner lobte uns für unsere Aufmerksamkeit und brachte uns zu nervösem Lachen, als er sagte, dass in anderen Kursen Studenten ohnmächtig geworden seien; ein Kerl habe sogar in die Hose gepisst. Dann, in einer letzten Geste des Makabren, von der ich vermute, dass er sie wegen des Publikums machte, nahm er den großen Putzkübel, und der Inhalt ergoss sich von etwa 40 Zentimetern Höhe - plopp-plopp-plopp - in den offenen Brustkorb und die Bauchhöhle hinein. Mit einem gehobenen Mundwinkel sagte er: „Es ist egal, wo sie landen, seine Körperteile müssen nur einfach alle wieder in ihm drin sein, wenn er hier rauskommt".

Er stopfte Watte in den leeren Schädel und setzte die Schädeldecke wieder auf. Nachdem er die Kopfhaut nach unten und die Hals- und Gesichtshaut nach oben gezogen hatte, nähte er alles locker mit dickem schwarzem Faden zusammen, wie in einer Polsterei. Die Watte sollte verhindern, dass Flüssigkeit auf das Kissen austritt, etwas, das die Hinterbliebenen erschrecken würde, erklärte er. Da der Verstorbene eine Glatze hatte blieb allerdings die Frage, wie die Leute im Bestattungsunternehmen die schwarzen Nähte wieder unsichtbar machen würden. Aber die haben wahrscheinlich ihre Tricks.

Der Gerichtsmediziner nähte auch die Brust und den Bauch zu und zog die Augenlider über die jetzt austrocknenden Augäpfel, wobei er sie mit flüssigem Sekundenkleber fixierte, damit sie nicht wieder aufspringen konnten. Wir Studenten gingen in den Nachmittags-Sonnenschein hinaus und sprachen kaum ein Wort miteinander. Der Blick vom Parkplatz des Leichenschauhauses fiel auf Seattles Space Needle, die in einer anderen Sphäre zu sein schien als der Ort, an dem wir Studenten gerade gewesen waren.

An jenem Freitagabend nach der Lehrautopsie sollte ich mich mit Dad und Mom zu einem Preisverleihungsbankett in einem noblen Hotel in der Innenstadt von Seattle treffen. Ich hatte ihre Einladung freudig angenommen, da es eine Gelegenheit war, meine Eltern zu sehen und gutes Essen zu genießen, das ich nicht selbst kochen musste – vor allem nicht dieses fette, gelbe Hähnchen in meinem Kühlschrank. Dad hatte zwar gesagt, es wäre formell, aber mein dunkler Anzug würde als angemessener Ersatz für einen Smoking dienen.

Ein Concierge führte mich zu meinem Platz neben meinen Eltern an einem runden Tisch für acht Personen, jedes Gedeck mit Kristallgläsern und Silberbesteck. Kurz darauf kam ein anderer Concierge und setzte eine Frau und ihren Mann zu meiner Rechten. Sie rief aus: „Kristian, es ist schon lange her, was?" Ich nickte und lächelte, aber ich hatte keine Ahnung, wie lange es her war, denn ich wusste nicht, wer sie war. Der Bekanntenkreis meiner Eltern war groß. Wie sollte ich die nächsten vier Stunden überstehen?

Die mir unbekannte Frau wählte die Prime Rib (Hochrippe), die eher blutig war. Nachdem sie den ersten Gabelbissen in den Mund genommen hatte, schluckte sie, hielt kurz inne und sagte: „Du hast doch Germanistik in Deutschland studiert, stimmt's? Was hast du in letzter Zeit so gemacht? Erzähl mir, was du heute gemacht hast". Sie fragte, ich antwortete. Nach einigen Minuten meiner begeisterten Erzählung, vielleicht nachdem ich ihr erzählt hatte, wie rosa die Lungen der Leiche waren oder von der Farbe der Milz, legte sie ihre Gabel nieder. Ein paar Schweißperlen bildeten sich auf ihrer Stirn, sie rülpste leise und tupfte sich mit der Leinenserviette über die Lippen. Dann schob sie ihren

Teller an der Blütenspeise vorbei zurück. Schließlich nippte sie am Eiswasser aus einem Kristallglas und intonierte:
„Erinnere mich daran, dich nie, nie wieder zu fragen, was
du heute gemacht hast".

Kapitel 6

Mehr Blut

Nach den beiden Semestern des EMT-Ausbildungspro-
gramms am Highline College begann der praktische Teil,
der in verschiedenen Notaufnahmen und Traumazentren
der Region stattfand. Ich hatte das Glück, einem der ge-
schäftigsten Krankenhäuser der Gegend zugeteilt zu werden: dem Valley Medical Center in der Stadt Renton.
Nachtschichten an Freitagen und Samstagen waren am
lehrreichsten, da der südliche King County von vielen betrunkenen Fahrern heimgesucht wurde. Meine Routine bestand darin, mich freitagabends gegen 23 Uhr anzumelden
und bis zum Morgen zu arbeiten, also bis die Betrunkenen
etwa zwischen 7 und 10 Uhr endlich wieder zuhause in

den eigenen Betten schliefen. Bis zum Ende meiner Schicht wurden die letzten Opfer entweder behandelt und entlassen oder operiert und auf ein Patientenzimmer oder auf die Intensivstation (Intensive Care Unit - ICU) gebracht worden.

Das Personal der Notaufnahme war froh über meine zusätzliche Hilfe, und ich war ebenso froh, da zu sein. Ich wischte Tragen ab (und entsorgte dabei Schlamm, Blut und Urin), maß Blutdruck, half bei Röntgenaufnahmen und begleitete manchmal Schwerverletzte auf die Intensivstation, um den Krankenschwestern zu helfen.

An einen Patienten mit offenen Femur- und Beckenbrüchen, dessen Wunden noch nicht verschlossen werden konnten, erinnere ich mich noch genau. Die Krankenschwestern und ich zuckten mit dem jungen Mann mit, als er schrie. Er musste angehoben werden, um die Bettwäsche zu wechseln, wo er sich in die Hose gemacht hatte. Die Sorge vor einer möglichen bakteriellen Infektion überwog unseren Wunsch nach seinem Komfort.

Zurück in der Notaufnahme bestand die lohnendste Aufgabe darin, Patienten bei Bewusstsein zu beobachten, die auf eine Notoperation warteten. Manchmal dauerte es eine Stunde oder länger, bis die OP-Schwestern, der Anästhesist und der zuständige Chirurg oder die zuständigen Chirurgen versammelt waren. Ich überwachte ihre Vitalzeichen, plauderte mit ihnen und suchte aufmerksam nach dem ersten Anzeichen eines Schocks.

Einmal wurde mir die Aufgabe übertragen, auf einen

97-jährigen Mann aufzupassen. Ich ging in den nächsten Raum, um einem Assistenzarzt zu berichten, dass sein Blutdruck zwar in Ordnung zu sein schien, sein Herz aber heftig flatterte. Der Arzt lächelte: „Er ist 97, hatte gerade einen Unfall und ist mitten in der Nacht hier; solche kleinen Herzstörungen sind zu erwarten. Mach weiter so. Gut gemacht".

Im Bundesstaat Washington sollte die letzte Runde in einer Bar mindestens eine halbe Stunde vor der obligatorischen Schließung um 2 Uhr morgens erfolgen, aber einige Kellnerinnen und Kellner legten die Regel großzügig aus, denn kein weiteres Trinken bedeutete auch kein weiteres Trinkgeld. Dementsprechend kam es vor, dass die letzte Runde tatsächlich erst um 1:55 Uhr ausgeschenkt wurde. Bis ein junger Mann – warum waren es immer Männer? – „einen letzten für die Heimfahrt" hinunterstürzte, dann aus der Tür stolperte und mit seinen Schlüsseln hantierte, um in sein Auto zu steigen, konnte es schon 2:15 Uhr sein. Wenn man davon ausgeht, dass der Alkoholspiegel im Blut 20 Minuten braucht, um seinen Höchststand zu erreichen, war er, nachdem er seinen Schlüssel beim fünften Versuch ins Zündschloss gesteckt hatte und der Motor zum Leben erwachte, zu einer Gefahr für alle auf der Straße geworden, einschließlich sich selbst. Er könnte mit 130 km/h durch eine 50 km/h Zone rasen, oder über die Ausfahrt auf eine Autobahn fahren, wo er von Scheinwerfern vor seinen geröteten Augen geblendet und verwirrt wird.

Ich fuhr auf dem Weg zum Highline College normalerweise über den Des Moines Memorial Drive. Daher erinnere ich mich noch genau an einen 24-Jährigen, in meinem damaligen Alter, der nach der Barschließung in seinen zweisitzigen Mercedes-Sportwagen stieg und mit seinem bald gebrochenen rechten Fuß das Gaspedal durchdrückte. Mit ohrenbetäubendem Lärm raste er Richtung Seattle, ignorierte rote Ampeln und wickelte sich selbst und sein hochgelobtes Stück automobile Ingenieurskunst um eine der 1.100 großen Ulmen, die 1921 entlang dieser Prachtstraße zum Gedenken an die Toten des Ersten Weltkriegs gepflanzt wurden. Ab dieser Nacht dachte ich oft auch an diesen jungen Mann, wenn ich diese Gedenkstrecke entlangfuhr.

Er wurde ins Valley Medical Center gebracht, wo ich in jener Nacht Dienst hatte. In der Notaufnahme gibt es zwei Einträge im täglichen Protokoll, die niemand gerne sieht: „Tot bei Ankunft" (Dead on Arrival D-O-A) und „In der Notaufnahme gestorben" (Died in Emergency D-I-E). Obwohl die Notfallmediziner alles Mögliche für diesen schon bei der Ankunft bewusstlosen Jungen versuchten, um ihn am Leben zu halten, waren alle Maßnahmen umsonst. Drei Stunden später wurde er bei uns zum D-I-E.

An Freitagen, nachdem ich mich angemeldet und mein Lunchpaket im Pausenraum verstaut hatte, wusch ich mich und zog meinen Kittel an. Aufgaben warteten auf mich, aber wenn die Notaufnahme für eine Weile ruhig blieb, plauderte ich oft mit ein paar Krankenschwestern und Assistenzärzten bei Kaffee und vielleicht ein paar Keksen,

82

die eine Schwester mitgebracht hatte. Aber kurz vor 2 Uhr morgens fingen die Funkverkehrsmonitore der verschiedenen Feuerwehrwachen an zu plaudern. Signale zeigten an, wann ein Rettungswagen unterwegs war und aus welchem Zuständigkeitsbereich er kam. Funksprüche bereiteten uns auch auf die Anzahl der Opfer und die Schwere der Verletzungen vor. Trotzdem hielten wir den Atem an, wenn die Türen der Notaufnahme aufschwangen und wir das volle Ausmaß der Zerstörung sehen würden.

Ich erinnere mich, dass ich eines Nachts beauftragt wurde, eine wache Frau in ihren frühen Sechzigern zu beobachten, die einen Frontalzusammenstoß mit einem betrunkenen Fahrer gehabt hatte, der auf dem nur zweispurigen Echo Lake Zubringer die Mittellinie überquert hatte. Diese Strecke, die heutzutage eine Autobahn ist, konnte man damals in gefährlicher Hochgeschwindigkeit fahren, um die 40 Kilometer von der Interstate-5 bis zur Interstate-90 zu überwältigen.

Während ich mit ihr plauderte, erfuhr ich, dass sie die Mutter eines jungen Mannes aus demselben Verbindungshaus meines jüngeren Bruders an der Washington State University (WSU) war. Sie und ihr Mann hatten beschlossen, von ihrem Haus in Tacoma aus wahnsinnig früh quer durch den Staat bis zur WSU in Pullman im fernen Südosten des Bundesstaats Washington zu fahren. Es war das beliebte Elternwochenende, das im Frühling jeden Jahres staatfand.

Die Frau wurde mit zahlreichen Prellungen und Risswunden eingeliefert, von denen die schwersten im Gesicht waren. Anscheinend war sie nicht angeschnallt gewesen, und ihr Kopf wurde durch die Windschutzscheibe geschlagen, wobei wahrscheinlich Teile ihres Gesichts an Glasscherben hängen blieben. Sie war erstaunlich gesprächig, trotz der vertikalen Wunde, die ihr Gesicht von den Nasenlöchern bis unter den Mund aufriss und Ober- und Unterkiefer sowie ihren Kinnknochen freilegte. Ihr Mann, der Fahrer, war nicht mit ihr in unserem Traumazentrum eingetroffen. Sie fragte nie nach ihm, was meine Zeit mit ihr einfacher machte. Ich wusste nicht, ob er nach Harborview, dem größten Traumazentrum im ganzen Pazifischen Nordwesten geflogen worden war, oder ob seine Leiche vielleicht schon auf dem Weg zum Gerichtsmediziner war.

Die Frau beklagte keine Schmerzen, sagte aber, dass ihr Gesicht kalt sei, und fragte, ob sich Glasstücke auf ihrer Zunge befänden; es fühlte sich so seltsam an. Von meinem Standpunkt aus konnte ich sehen, dass kein Glas auf ihrer Zunge war. Dann fragte sie mich, ob ich ihr einen Handspiegel bringen könnte, damit sie selbst nachsehen könne. Ich log: „Tut mir leid, wir haben keinen Handspiegel". Ich befürchtete, dass sie in einen Schockzustand fallen würde, wenn sie sehen würde, dass sie wie ein Hollywood-Filmmonster aussah. Inzwischen war das Operationsteam fast bereit für sie. Als sie weggefahren wurde, sagte ich ihr, wie sehr ich mich über das Gespräch mit ihr gefreut habe. Ich habe aber dabei gehofft, dass es nächstes Jahr sowohl sie als auch ihr Mann zum Elternwochenende der WSU schaffen würden. Vielleicht würden sie in Erwägung ziehen, dorthin zu fliegen.

Mehr Blut

Die Sonne stand schon am Himmel, als ein 17-Jähriger unter dem neonleuchtenden NOTFALL-Schild auftauchte, abgesetzt von einem Privatwagen. Abgesehen von ein paar behelfsmäßigen Verbänden aus T-Shirts um seine linke Hand sah er gut aus. Als wir sie entfernten, sahen wir eine klaffende Wunde auf dem Handrücken, die alle Sehnen zu seinen Fingern freilegte, bis auf eine – die Sehne für seinen Mittelfinger war verschwunden, nun, nicht eigentlich verschwunden, sondern durchtrennt, mit einem Ende zum Finger gezogen und dem anderen hoch ins Handgelenk.

Dieser junge Mann war auf dem Heimweg vom Haus seiner Freundin, als er am Steuer einschlief. Er wachte auf, als sich sein Auto mehrmals überschlug und in einer Brombeer-Strauch-Schlucht landete. Der Gurt hielt ihn fest, während er sich überschlug, also war er in Ordnung, als er kopfüber zum Stehen kam. Als er seinen Gurt löste, fiel der junge Mann sofort hinunter auf die Decke. Die Tür ließ sich nicht öffnen, und das elektrische Fenster war kaputt. Nachdem er seine Situation eine Weile betrachtet hatte, geriet er in Panik. Niemand wusste, wo er war, und sein Auto wäre von der Straße oben nicht sichtbar gewesen. Mit der linken Faust schlug er das Fahrerfenster ein, was einen Blutstrom auslöste. Er quetschte sich durch die Öffnung und kletterte durch die Brombeersträucher hinauf zur Straße, wo er ein Auto heranwinken konnte. Der Fahrer fuhr ihn direkt zu unserer Einheit, und ich wurde beauftragt, dem Notarzt zu helfen.

Der Arzt, ein Chirurg, der in jener Nacht Dienst hatte, wusste, dass ich ein EMT-Student war, und erklärte mir Schritt für Schritt, was er tat. „Unter anderen Umständen würden wir nur das geschädigte Gewebe entfernen und die Wunde innen und außen nähen, aber der Grund, warum die Sehne nicht sichtbar ist, ist, dass sich ihre Enden zurückgezogen haben – wir wissen noch nicht, wie weit nach oben und weg von der Wunde. Er wird eine Notfall-Operation brauchen, damit wir die Enden finden und sicherstellen können, dass sie noch funktionstüchtig sind. Dann werden wir sie wieder zusammenzuziehen und zunähen, damit sie heilen können. Eine Verzögerung der Operation würde bedeuten, dass die beiden Enden der Sehne sich weiter auseinanderziehen, und sein Mittelfinger für den Rest seines Lebens nutzlos hängen würde. Nach ein paar Jahren würde dann die Entfernung des ganzen Fingers erforderlich sein, damit die anderen Finger normal funktionieren können". Der Arzt, der mir das alles erzählte, war derjenige, der die Operation durchführen würde.

Mir wurde gesagt, ich solle den jungen Patienten weiter beobachten, seinen Blutdruck überwachen und – weil er an diesem Abend etwas gegessen hatte – sicherstellen, dass er nicht erbricht und etwas aspiriert. Ein Operationssaal wurde nach dem vorherigen, blutenden Patienten gereinigt und vorbereitet, und das Personal rief nach einem weiteren Team von OP-Schwestern und einem Anästhesisten. In einem Moment, der mich an die Frage an die Sekretärin am Highline College erinnerte, ob ich in das EMT-Programm aufgenommen werden könnte, fragte ich den Chirurgen, ob ich mit in den Operationssaal kommen und zuschauen dürfe. Er sagte ja, und dass er die leitende OP-Schwester informieren würde, die mir zeigen würde, wie ich mich waschen soll und wo ich frische Kittel und eine Maske für den OP bekommen kann. Sie war nicht im Geringsten erfreut, aber sie hatte keine andere Wahl, als das zu tun, was der Chirurg ihr sagte. Sie erklärte, dass sie mir, sobald wir drinnen wären, zeigen würde, wo ich stehen sollte, und dass ich unter keinen Umständen von dort weggehen sollte, es sei denn, sie wies mich dazu an.

Im OP-Saal untersuchte der Chirurg sorgfältig die anderen Körperteile des jungen Mannes, um sicherzustellen, dass es keine Überraschungen geben würde. Üblicherweise wird ein Patient nur operiert, wenn sein Magen leer ist – Lebensmittel im Magen erhöht das Risiko. Eine Krankenschwester legte einen Foley-Katheter, und der Chirurg führte seinen mit Handschuhen bekleideten Zeigefinger in den Anus des Patienten. Er stellte fest, dass dieser voll war, und eine Krankenschwester legte ein Auffangbrett, das mir wie ein Pizzaschieber aussah, unter ihn, falls die Narkose zu einem Darmverschluss führen sollte.

Der Anästhesist war sichtlich müde. Er war mitten in der Nacht geweckt worden. Der Beruf eines Anästhesisten kann aus stundenlanger Monotonie bestehen, die von Minuten des Terrors unterbrochen wird. Ich beobachtete, wie er ein- oder zweimal einnickte und dann den Kopf schüttelte, als er wieder aufwachte.

Nach einer Stunde des Schneidens, Ziehens und Nähens verkündete der Chirurg, dass er beide Enden der Sehne fixiert habe und dass sie gut aussähen. Er sagte, dass die

Nähte gut genug funktionieren sollten, um dem jungen, gesunden Körper zu helfen, wieder eine dauerhafte Verbindung der durchtrennten Sehne zu schaffen. Der Chirurg war jetzt bereit, den Patienten den OP-Schwestern zur Versorgung mit Verbänden und einer Schiene zu übergeben.

Der sehr glückliche junge Mann konnte wahrscheinlich nach dem Abklingen der Narkose nach Hause gehen. Es würden in Zukunft Kontrollbesuche und Physiotherapie stattfinden. Ich erwartete, dass die Eltern des Jungen draußen auf ein Gespräch mit dem Chirurgen warteten, der ihnen die gute Nachricht überbringen würde. Was mich betrifft, so fühlte ich mich privilegiert, den gesamten Prozess von seinem Eintritt durch die Tür der Notaufnahme bis zu seiner Ausfahrt aus dem OP in den Aufwachraum miterlebt zu haben, das System in Bestform, ein Happy End.

Es war Juli, und meine Wochenend-Nachtschichten nahmen einen vertrauten Rhythmus an. In dieser Nacht wurde ein Biker, der in einen grausamen Unfall verwickelt worden war, von einem Rettungswagen zu uns in Renton gebracht. Ich fand die späte Morgenstunde ungewöhnlich für die Ankunft eines Opfers eines Alkoholunfalls. Er war ein Kerl mit einem blutverschmierten Zopf. Wie ich erfuhr, hatte es einige Zeit gedauert, ihn auf der Highway zwischen Auburn und Enumclaw zu finden und aus dem Graben zu befreien, wo er mit seinem riesigen Motorrad gelandet war. Seine Unterlagen sagten, er sei 28, aber er sah aus wie 50. Er hatte einen Wochenbart, Bieratem und Nikotinfalten um die Augen. Am erschreckendsten war für mich, dass seine Nase in den Schädel hineingedrückt war und eine klare Flüssigkeit, wahrscheinlich die Zerebrospinalflüssigkeit, aus einem kleinen Loch in der Wunde tropfte. Ein Neurochirurg würde vielleicht feststellen, dass die Hirnhaut verletzt war, aber das würde später während der Notfall-Operation geklärt werden.

Er hatte so viele Verletzungen von Kopf bis Fuß, dass eine langjährige Mitarbeiterin der Notaufnahme bemerkte, sie habe selten einen Patienten gesehen, bei dem so viele Notfallmedizin-Maßnahmen gleichzeitig erforderlich waren. Die EMT-Sanitäter hatten ihn gut verbunden, aber die Mullbinden waren völlig durchnässt, und selbst als weitere hinzugefügt wurden, tropfte weiterhin Blut.

Auf seine Art war der Mann gesprächig, nun ja, nicht wirklich erzählend, sondern eher fluchend. Die Ärzte priorisierten zunächst eine Reihe von Röntgenbildern: schräg, seitlich und im Stehen. Er war 1,90 m groß, genau wie ich, also wurde ich beauftragt, der zierlichen Röntgentechnikerin zu helfen. Meine Aufgabe war es, den großen Mann auf einen dreh- und höhenverstellbaren Röntgentisch zu manövrieren. Das war härter als alles, was ich bis zu diesem Zeitpunkt im Valley Medical Center hatte tun müssen. Der Mann zappelte und schlug dann heftig um sich, während er Schimpfwörter brüllte. Es brauchte definitiv ein neues Maß an Entschlossenheit, um konzentriert zu bleiben, als der arme Patient Dinge wie „Lass deine verdammten Hände von mir, du verdammte Schwuchtel!" schrie.

Der Typ hatte kaum ein „Gott-verdammt-nochmal!" beendet, bevor er ein weiteres „Fick dich, du Arschloch!" hinterherwarf. Wir waren mit dem Röntgen fertig, und ich schob ihn – immer noch einen Schwall von Schimpfwörtern ausstoßend – auf das wartende Notfallchirurgie-Team zu. Danach sagte mir die Nachtschicht-Leiterin, ich könne meine Pause nehmen. Es war weit nach meiner normalen Pausenzeit. Das Blut des Mannes war auf meinen einst sauberen, hellblauen Kittel und auf beide Hände bis zu meinen Handgelenken und über meine Ellenbogen verschmiert. In jenen Tagen hatte sich AIDS noch nicht im ganzen Land verbreitet, daher brauchten wir in meinem Job normalerweise keine Handschuhe zu tragen, es sei denn, wir hatten einen Schnitt an den Händen oder es gab offensichtlichen Eiter am Patienten. Wir wuschen uns einfach immer wieder mit antibakterieller Seife.

Ich ging in den Pausenraum und holte meinen Papiersack aus dem Kühlschrank, der ein Bologna-Sandwich, Kekse und einen Apfel enthielt. Die Kaffeemaschine war schon Stunden zuvor ausgeschaltet worden, aber ich konnte noch eine kalte Tasse herauspressen. Am Waschbecken im Pausenraum wusch ich meine Unterarme und schrubbte meine Hände. Ich hatte gerade die erste Hälfte des Sandwiches verschlungen, als ich eine Rückblende zu dem ersten Abendkurs am Highline College erhielt, als die Feuerwehrleute die grausamen Details eines feurigen Frontalzusammenstoßes erzählten. Ich fragte mich damals, ob ich überhaupt für diese Sachen geschaffen bin. Dann bemerkte ich etwas getrocknetes Blut des Bikers auf meinem Handrücken. Ich trat zum Waschbecken, um mich noch einmal zu waschen. Als blut-rosa Seifenblasen den Abfluss hinunterliefen, sagte ich mir: „Ich glaube, ich habe diese Frage ziemlich gut beantwortet".

Artist Point

Ich nahm meinen Eispickel mit und trug Schienbeinschutz-gamaschen über meinen Stiefeln für eine Solo-Wanderung durch den Frühsommerschnee zum Artist Point oberhalb des Mount Baker Ski Gebiets im Bundesstaat Washington. In der Ferne erschien eine Frau mit Sonnenbrille, die offen-sichtlich Probleme hatte, auf dem weich werdenden Schnee das Gleichgewicht zu halten, aber es gab keine Gefahr, weil die Böschung, auf der sie ging, nicht steil war. Ich machte mich auf den Weg zu ihr, und sie begann, mich mit Fragen zu löchern.

Sie blickte auf den prächtigen Mount Baker und fragte: ‚Steigen die Leute auf diesen Berg?" Ich antwortete mit einem einfachen „Ja". Im Englischen gebrauchen wir für das Wort „Steigeisen" das aus dem Französisch stammende „Crampons". Die Frau fragte, ob die Bergsteiger spezielle Ausrüstung brauchten: „Müssen sie Croutons tragen?"

Ich stellte mir sofort vor, wie Steigeisen-Spikes Stücke von geröstetem Brot auf einem riesigen grünen Salat aufspieß-ten. Ich wandte mich zum Mount Shuksan, damit sie mein Grinsen nicht sehen konnte, und antwortete ihr: „Ja, sie brauchen für die Gletscher oben geeignete Ausrüstung".

Kapitel 7

Svelte

1974 nannte sich die umwerfende Kathy noch Stewardess, wie man damals Flugbegleiterinnen bezeichnete. Schick in ihrer maßgeschneiderten Uniform und den hohen Absätzen kümmerte sie sich um First-Class-Passagiere auf Flügen zwischen Nordamerika und Asien bei der Northwest Airlines, die später von Delta Airlines übernommen wurde. Freunde aus unserer Kirchengemeinde meinten, ich solle mich mal etwas mehr wie ein Single benehmen. Anders gesagt, vom ewigen Wandern und Skifahren runterkommen und Kathy endlich auf ein Date einladen.

Das wichtigste gesellschaftliche Ereignis in meinem Herbstprogramm war das jährliche Bankett der Mountaineers, also lud ich kurzerhand Kathy ein. Es fand im größten Saal eines Hotels in Bellevue statt, einer reichen Stadt am Ostufer des Lake Washington, ein Teil der Großstadt Seattle. Für einige Kumpels dieses großen Bergsteigervereins brachte das allerdings Probleme mit sich. Anzug und Krawatte? Fehlanzeige. Nur wenige besaßen einen Sakko, aber für diesen Abend hätten sie ihn gebraucht. Stattdessen kamen die meisten einfach in dicken Wollhosen und ihrem besten Pendleton-Wollhemd.

Zu diesem Festessen lud ich die schlanke Kathy ein. Sie sagte zu. Ich hatte ihr erklärt, dass der diesjährige Redner Pete Schoening sein würde, der gerade von der Leitung einer amerikanischen Expedition in den russischen Pamir zurückgekehrt war. Der Pamir ist das Herzstück der höchsten Gebirgszüge Zentralasiens: Himalaya, Karakorum, Tian Shan, Altai und Ural.

In meinen Teenagerjahren, während des Grundkletterkurses der Mountaineers, hatte Pete Schoening den Heldenplatz in meinem persönlichen Pantheon eingenommen. Für mich war er nicht nur eine Legende wegen seiner Erstbesteigungen und unglaublichen Leistungen, sondern auch, weil er mir, einem 14-jährigen Jungen, der gerade das Grundlegende lernte, Beachtung schenkte.

Weltweit kennt man Pete Schoening für seine Besteigungen des Everest, des Gasherbrum I und des Mount Vinson in der Antarktis. Aber sein mit Abstand berühmtester Erfolg war die „Wunderbare Sicherung von 1953". Auf dem

Abruzzi-Grat des K2 sicherte er im Alleingang den Sturz von sechs Kletterern, die sonst sicher gestorben wären. Petes stehende Hüftsicherung am K2 war zwar ähnlich, aber weit wichtiger als die sitzende Hüftsicherung, die mein Kumpel Pete ausführte, bevor ihm der Fels auf dem Mount Erie zwischen die Augen krachte. [Kapitel 4]

Zu meiner Ehre, aber für Kathy völlig uninteressant, saßen wir zufällig mit Dee Molenaar, dem Autor und Biografen, an einem Tisch. Dee war einer der sechs Männer, die Pete Schoening am K2 gerettet hatte. Kathy, schlank (svelte) und in einem kleinen schwarzen Kleid, versuchte Smalltalk mit den anderen Paaren an unserem Tisch. Aber als es um Dee in seinem roten Wollhemd mit Kordelkrawatte ging, zog sie sich lieber zurück.

Schoenings Programm nach dem Essen war eine Diashow mit Erzählung. Diese begann mit dem Flug in den Pamir von Moskau aus in einem kombinierten Zivil-Militär-Jet der Aeroflot in der alten Sowjetunion. Das Team reiste dann auf primitiven Straßen in Militärtransportern immer höher, bis die amerikanische Mannschaft unter Schoenings Leitung schließlich die Lastwagen verließ und in ihrer Hochgebirgsausrüstung die Felsen und steilen Gletscherhänge erklomm. Orkanböen bei −20° C peitschten ihnen entgegen. Einstürzende Schneebrücken. Abbrechende Séracs. Sogar ein Erdbeben. Aber erstaunlicherweise, obwohl es in der gleichen Zeit Todesfälle in den Teams anderer Nationen gab, brachte Pete alle Amerikaner sicher nach Hause, viele von ihnen hatten sogar erfolgreich verschiedene Gipfel erreicht. Die Augen aller im Raum – außer

Kathys – hingen gebannt an Schoenings Erzählung und der riesigen, leuchtenden Leinwand.

Am Ende der Vorführung kündigte Schoening an, dass er die Auszeichnungen der Mountaineers Climbing Division für dieses Jahr verteilen würde. Nach einigen anderen rief er meinen Namen auf, damit ich meinen Six-Peak-Pin entgegennehmen konnte, der für die Besteigung der „Sechs Großen", also Rainier, Baker, Glacier, Adams, St. Helens (vor der Eruption), und Olympus verliehen wird. Ich fühlte mich ein bisschen seltsam, als ich zum Podium ging und Pete erzählte, dass dieser Pin eine enorme Leistung darstelle. Wie konnte dieser Riese unter den Alpinisten so etwas sagen? Würde der Präsident der Cambridge Universität in England einem Schüler gratulieren, weil er die Aufnahmeprüfung in die Universität bestanden hatte? Trotzdem schwoll ich vor Stolz, als er mir das kleine Schmuckkästchen überreichte und mir die Hand schüttelte. Zurück am Tisch betrachtete Kathy den Pin mit seinen sechs winzigen goldenen Gipfeln an einem blauen Emaille Horizont und sagte: „Das ist so niedlich".

Als das Licht anging und es Zeit zum Aufbruch war, half ich Kathy in ihren hohen Absätzen, wieder in meinen geländetauglichen Ford Bronco zu steigen. Die halbstündige Fahrt zu ihrem Haus in der Nähe des Sea-Tac Flughafens verlief fast schweigend. An der Haustür ihres englischen Häuschens dröhnte ein Flugzeug über uns. Als es wieder ruhig war, sagte ich ihr, ich hoffe, der Abend habe ihr gefallen. Sie dankte mir und fasste alles mit diesen Worten zusammen, den letzten, die wir jemals austauschten: „Es sah kalt aus".

Selbstporträt des Autors in der Jugend, blickend auf den Gothic Peak, im Monte Cristo-Gebiet in den Cascades des Bundestaats Washington.

Kapitel 8

Dem Untergang entgegen

Die Ereignisse, die sich am schicksalhaften 14. April 1912 auf der RMS-Titanic abspielten, werden in mehreren Filmen widergespiegelt. Von diesen Darstellungen gibt es einige, die zur Zeit des Nationalsozialismus politisch waren, andere waren eher wissenschaftlich, und noch andere für die Zuschauer im Kino gemacht. Aber alle diese Filme haben etwas gemein: Im Allgemeinen sagen die Überlebenden, dass die Schiffsoffiziere ruhig blieben. Nach dem heftigen Kampf, in die zu wenigen Rettungsboote zu gelangen, herrschte auf den Oberdecks weitgehend Frieden. Trotz des Wissens, dass fast alle zurückgebliebenen Männer in weniger als einer Stunde im kalten Nordatlantik ertrinken würden. Auf den Decks soll es Streichquartette gegeben haben, die tröstende Hymnen spielten.

Wie kann ein Mensch angesichts des nähernden Untergangs ruhig bleiben? Während meiner Trainingseinheiten in der Notaufnahme des Valley Medical Centers sah ich Menschen mit einer ähnlichen Entschlossenheit wie in den Darstellungen der Titanic. Es herrschte auch in unseren Räumen eine friedliche Akzeptanz der Tatsache, dass sich alles, was jemand bisher über das Leben wusste, gerade verändert hatte. Einige von ihnen würden keinen weiteren Sonnenaufgang erleben, und doch blieben sie ruhig. Leute wie der elende, schreiende Biker in Kapitel 6 waren die Ausnahmen. Nur ganz wenige Patienten wurden in Giftnattern verwandelt – und die meisten von ihnen wegen Drogen oder Alkohol. Für die Nüchternen war die Tatsache, dass sie, wenn nicht diese Nacht, dann in der nahenden Zukunft in der Leichenhalle landen würden, keine Bedrohung. Wie kann man diese Verhaltensunterschiede zufriedenstellend erklären?

Die folgende hypothetische Illustration einer Krise versucht, auf die obige Frage einzugehen. Die katastrophale Handgelenksverletzung in dieser Erzählung ist jedoch real. Im Jahr 1965, als ich mit Kumpels aus dem ersten Universitätsjahr American Football spielte, wurde ich von meinem starken Gegner völlig überfordert. Als ich mich plötzlich in der Luft befand und nach hinten flog, streckte ich dummerweise meine linke Hand aus, um mich abzufangen. Genau wie in der folgenden Geschichte

war die Verletzung verheerend. Wir wissen nicht, was mit dem Mann in der fiktiven Geschichte passiert ist, aber in meinem Fall dauerte die Genesung mehrere langwierige Monate. Aber am Ende war das Resultat wundersam.

Du stößt mit dem Kopf an die Küchenschranktür, die Junior zum 20. Mal offenstehen gelassen hat. Du schlägst heftig dagegen, sie springt aus den Scharnieren und trifft deinen Fuß im Hausschuh. Junior verbringt die Nacht bei einem Freund, also kannst du ihn nicht anbrüllen. Trotzdem bist du aufgebracht und schreist vor Schmerz.

Du kommst zu spät zu deinem Tennisbuddy, weil du erst Pflaster mit Antibiotika-Creme auf deinen Fuß kleben und dann die Küchenschranktür wieder einbauen musstest. Als du endlich auf dem Tennisplatz stehst, bist du nicht in Form. Daran sei dein Sohn schuld.

Du stolperst bei einem einfachen Rückhandschlag. Du solltest es besser wissen, aber anstatt zu rollen, streckst du deinen linken Arm aus, um deinen Sturz abzufangen. Doch als deine Hand auf den Sand trifft, bleibt sie stecken. Brennende Schmerzen schießen dir durch den Kopf, und du windest dich in Schmerzen auf dem Boden.

Sowohl der Radius (Speiche) als auch die Ulna (Elle) sind gebrochen, und das Handgelenk ist ein Durcheinander von Fragmenten. Die Haut hängt zwar noch daran, aber die Hand hängt nutzlos herunter.

Bist du jetzt wütend auf deinen Sohn? Ist es dir wichtig, dass dein Tennisfreund soeben gesehen hat, wie unbeholfen du bist? Nein, in einer Sekunde hat sich dein Leben gerade auf den Kopf gestellt. Dein Tennisfreund, vom Anblick deines linken Armes angewidert, rennt zu seiner Jacke und greift nach seinem Handy, um den Notruf zu wählen. In den acht Minuten, die es dauert, bis die Rettungskräfte eintreffen, beobachtest du ruhig, wie die nutzlose Hand um deine Finger herum von der inneren Blutung anschwillt. Die EMT-Sanitäter fragen dich, wie es dir geht. Du seufzt leise und sagst: „Ich habe schon bessere Tage gehabt".

Wenn alles gut geht, wird dich die moderne orthopädische Chirurgie in ein paar Wochen wieder zusammenflicken, und nach Monaten der Physiotherapie wirst du dich freuen, wenn du mit diesem Arm deinen Sohn umarmen kannst.

Hier gibt es ein weiteres hypothetisches Beispiel. Die zusammengesetzten Elemente sind zwar real, aber die Geschichte stammt aus Erzählungen, die ich von verschiedenen Bergsteigerfreunden zu unterschiedlichen Zeiten und auf verschiedenen Gipfeln gehört habe. Dies ist ein Beispiel für eine Situation, in der nicht nur die Person, die den Unfall erlitten hat, in den „Krisenmanagement-Modus" eintreten kann. Auch Freunde und Umstehende können zu Superhelden vor Ort werden.

Ein offener Oberschenkelbruch (Femurfraktur) nach einem Sturz aus großer Höhe beim Klettern. Ein Schrei. „Bruce, zieh dein T-Shirt aus und versuche es genau hier unter meine Handfläche zu stopfen, wo ich jetzt Druck ausübe. Jan, kannst du meinen Erste-Hilfe-Kasten aus dem obersten Fach meines Rucksacks holen? Unten auf der linken Seite gibt es zwei sterile Hämostase-Zangen. Könntest du sie mir bitte bringen? Susan, ich weiß, du bist Läuferin. Könntest du uns erst auf der Karte lokalisieren und dann mit einem anderen Läufer rausgehen, wo man Handyempfang hat, und die Bergrettung rufen? Der Rest von euch soll bitte einen Hubschrauberlandeplatz ausfindig machen und einen guten Weg finden, um Sheldon dorthin bringen zu können, sobald wir ihn hier stabilisiert haben".

Eine Woche später ist Sheldon aus der Intensivstation raus und liegt in einem normalen Krankenzimmer. Nach mehreren Besuchen kommen die elf anderen Kletterer in einem Starbucks zusammen, um die gelungene Kameradschaft zu feiern, die sie errungen haben, indem sie Sheldon das Leben retteten. Derjenige, der in die Rolle des Notfall-Einsatzleiters geschlüpft ist, war nicht der Kletterführer; das war Sheldon selbst. Diejenige, die de facto zur Rettungsführerin wurde, war die Sucherin unten, als Sheldons Schutzvorrichtungen nacheinander ausrissen. Bei ihren Kaffees waren sie sich einig, dass sie jetzt ein Team waren und ihre Kameradschaft auch in Zukunft weiterführen wollten, nicht nur auf dem Berg.

Jetzt zu einem wahren Bericht, einer persönlichen Geschichte über eine Tagesbergwanderung, die schief ging. Mein langjähriger Freund Frank (58), sein Sohn Lew (10) und ich (45) machten im Frühling einen Ausflug über steile Schneehänge und einige leichte Felswände. In Kittitas County, auf der Ostseite der Cascades, fuhren wir in meinem Geländewagen zum Ende der Teanaway River Road und zum Anfang der Ingalls-Pass-Route. Es war Mai, also rechneten wir damit, dass der Weg schon kurz nach dem Verlassen des Autos im Schnee versunken sein würde. Wir hatten alle Eispickel, Lew hatte ein kleines Exemplar, genau wie Frank und ich in der damals bekannten orangenen Farbe von MSR.

Unser Plan war es, in Richtung Longs Pass aufzusteigen, damit Frank mir in der Ferne zeigen konnte, wo er vor einigen Jahren auf dem steilen West-Grat des Mount Stuart gestürzt war. Franks Sicherer rettete ihm oben auf dem Stuart an jenem Tag das Leben. Nachdem die Gruppe Franks

Schürfwunden versorgt hatte, bestiegen sie den Gipfel und bauten ihr geplantes Nachtbiwak auf. Wie geplant verließen sie den Berg am nächsten Morgen über Ulrichs Couloir.

Nachdem Frank von seinem Stuart-Sturz erzählt hatte, wanderten wir drei zum Fuß des Ingalls Peaks, wo wir ein spätes Mittagessen einnahmen. Lew wog nicht viel, also lief er auf der zerbrechlichen Kruste des Schnees, während Frank und ich tief darin einbrachen und nur mühsam vorankamen. Deshalb versuchten wir so viel wie möglich auf schneefreien Graten und Felsvorsprüngen zu bleiben.

Später am Nachmittag machten wir eine weitere Pause, um die Granitplatten der drei Gipfel des Ingalls Peaks zu bewundern. Jetzt sahen wir, dass der Rückweg zum Trail und schließlich zum Auto ein mühsames Unterfangen im weichen Schnee sein würde. Es sei denn, wir nahmen eine Abkürzung über den Abstieg von zwei Klippen, etwas steil, aber mit beckenartigen Hand- und Fußgriffen. Frank versicherte mir, dass Lew, ein drahtiger Kletterkünstler, kein Problem damit haben würde. Trotzdem nahm er Lews Eispickel in dieselbe Hand wie seinen eigenen, damit Lew beide Hände frei hatte.

Ich schnallte meinen eigenen Eispickel auf meinen Rucksack, damit ich zwei freie Hände hatte. Die erste Wand überwanden wir mit Leichtigkeit. Aber die zweite Stufe, etwa so hoch wie ein vierstöckiges Gebäude mit einem steilen Schneeauslauf am Boden, war mehr Berg, als Frank oder ich auf unserer „Wanderung" erwartet hatten. Trotzdem kletterten wir weiter ab, anstatt umzukehren, wie wir es hätten tun sollen. Ich ging nach rechts, während Frank

Lew in eine Rinne links hinunterführte. Frank stand, wie ich, zum Hang hin, etwa 8 Meter oberhalb und links von mir. Ich hörte einen dumpfen Schlag und wusste sofort, was das Geräusch bedeutete. Franks fliegender Körper segelte an mir vorbei. Er prallte noch zweimal hart auf, bevor der Fels ihn auf den Schnee spuckte. Frank lag regungslos da, während sein Körper weitere 10 Meter den Schneehang hinunterglitt. Während ich nach unten eilte, rief ich Franks Namen, aber er antwortete nicht. Als ich an seiner Seite ankam, war er bei Bewusstsein und atmete ruhig, so dass ich eine schnelle Untersuchung begann. Er blutete an beiden Händen und hatte Schnitte auf Stirn und Nase sowie einige andere auf der Kopfhaut. Weder Franks noch Lews Eispickel konnte ich irgendwo sehen.

Lew hatte seinen Abstieg beendet und stand nun, zitternd aber still, 4 Meter über mir. Ich zog meine warme, isolierte Jacke aus meinem Rucksack und hielt Lews Hand, während ich ihn zu einem kleinen Felsvorsprung brachte. Lew war so klein und meine Jacke so groß, dass er darin verschwand. Nach wenigen Minuten schlief er ein und ruhte dort, bis es Zeit für uns war zu gehen. Was war es, das diesem Jungen ermöglichte zu schlafen, während sich sein Vater in einer lebensbedrohlichen Situation befand?

Der ganze Inhalt meines Erste-Hilfe-Koffers lag bald auf dem Schnee vor uns verteilt. Zu meiner Erleichterung sprach Frank und seine Pupillen reagierten normal. Er hob seinen Kopf von meinem Kissen aus zusätzlicher Kleidung, um zu sehen, ob es Lew auch gut ging. Ich verwendete normale Pflaster für seine vielen kleineren Wunden, aber

106

für diejenigen auf seiner rechten Hand und besonders auf seiner Stirn und Kopfhaut verbrauchte ich fast all mein Klebeband und meine Gaze. Frank trug jetzt eine weiße, blutbefleckte Mütze, die ihn aussehen ließ, als käme er gerade von der Behandlung durch einen Sanitäter nach einem blutigen Kampf im Zweiten Weltkrieg. Ich fragte mich immer noch, wo die beiden irrenden Eispickel geblieben waren.

Frank hatte auch einen großen Riss quer über der Nase, der genäht werden musste, aber die Blutung hatte aufgehört, so dass ich beschloss, ihn unbehandelt zu lassen, da ein großer Verband seine Sicht beeinträchtigen würde.

Frank beschwerte sich, dass es weh tat, wenn er versuchte, sein linkes Bein zu bewegen. Mein Fehler! Ich hatte seine Beine, die in schweren Wollhosen steckten, nicht in Betracht gezogen. Als ich hinter sein linkes Knie schaute, zuckte ich zusammen. Kein Grund, weiter zu suchen, denn Franks Eispickel steckte im Schnee unter seinem Knie, Spitze nach unten und Axt nach oben. Diese obere Axtklinge hatte das Gewebe durchtrennt und war bis zum Schaft in seine Kniekehle eingedrungen. Ich war überrascht und erleichtert, dass sich nur wenig Blut in seinem linken Hosenbein und auf dem Schnee unter dem Knie befand.

Ich sagte ihm nichts von dem, was ich sah. Ich vermutete, wusste es aber nicht, dass die Axt, die etwas größer als 7 cm breit und 9 cm lang ist, in den Raum zwischen den Bändern und Sehnen hinter dem Knie selbst eingedrungen war. Ich entschied mich für einen riskanten Kurs, weil ich es für das Beste hielt, zu sehen, ob Frank laufen konnte, anstatt hier zu bleiben und einen Rettungsdienst zu rufen. Ein Hubschrauber würde vielleicht erst am nächsten Tag eintreffen, und wir müssten eine Nacht bei Minusgraden überstehen. Frank brauchte dringend medizinische Hilfe, und ich befürchtete, dass er jeden Moment in einen Schockzustand fallen könnte.

Während ich also mit einer Reihe von Druckverbänden auf das Schlimmste hinter dem Knie vorbereitet war, fragte ich: „Frank, kannst du aufstehen?" Ich hoffte, dass die Axt seines Eispickels so herausfallen würde, wie sie eingedrungen war, ohne etwas anderes zu verletzen. Wunderbar! Der Eispickel fiel heraus und landete auf dem Schnee. Ich verriet Frank immer noch nicht, wo er gewesen war; er würde ihn als Gehstock brauchen, um zurück zum Auto zu hinken. Ich sagte ihm einfach, dass er dort eine Wunde hätte, die ich verbinden müsste, bevor wir unseren Rückweg zum geparkten Wagen antraten. Natürlich ließ ich mir nicht anmerken, dass ich mich fragte, ob er überhaupt laufen könnte. Ich dachte, dass wir beide in den nächsten Minuten die Antwort auf diese Frage bekommen würden.

Frank belastete sein rechtes Bein sehr, aber er lief besser, als ich erwartet hatte. Auf dem Weg trafen wir eine Gruppe von vier Personen. Eine Frau sah seine Gesichts- und Kopfverbände und keuchte: „Um Himmels Willen! Was ist mit dir passiert?" Und sie hatte noch nicht einmal das Loch hinter seinem Knie gesehen.

Erst als wir wieder im Auto saßen und zur Notaufnahme im winzigen Bezirkskrankenhaus im Dorf Cle Elum fuhren, erzählte ich Frank, wo ich seinen Eispickel gefunden hatte.

Dem Untergang entgegen

In der Notaufnahme entfernte und erneuerte der Notfall-arzt meine Verbände und legte zwei chirurgische Drainagen hinter seinem linken Knie an. Seine Stirn und Nase nähte er jedoch nicht, da er wollte, dass Frank in Seattle einen Chirurgen aufsuchte, der auf Gesichtschirurgie spezialisiert ist, um diesen empfindlichen Eingriff vorzunehmen.

Auch nach meinem Umzug nach Alaska blieben Frank und ich jahrelang beste Freunde. Damit ich es nicht vergesse: An diesem Tag entdeckte ich Lews Eispickel noch tiefer unter Franks im Schnee vergraben. Lew wurde größer und der kleine Eispickel passte ihm nicht mehr, also schenkte Frank ihn mir für meinen Sohn Evan. Er flog nach einer Reise nach Seattle in meinem Gepäck zurück nach Ancho-rage und hing an einem Haken neben meinem eigenen in meiner Garage auf dem Snowflake Drive. Schließlich war Evan auch dafür zu groß, also gab ich ihn einem anderen Kind in Anchorage.

Kapitel 9

Ja, das ist eine Leiche.

Kaliforniens Idealisten hatten John Muir, und die des Bundesstaates Washington hatten Paul Wiseman. Paul schloss 1933 das Reed College in Portland, Oregon, ab. Sehnig, groß und selten finster blickend, war Paul zweimal Präsident der Mountaineers. Unermüdlich setzte er sich für den Erhalt der Bergwildnis ein und nahm sich auch Zeit, junge Leute wie mich zu fördern. Ich kann mir niemanden vorstellen, der Paul nicht mochte, außer vielleicht den Vorstandsmitgliedern der Papierfabriken in Port Angeles und Tacoma.

Befreundete Kletterinnen erzählten mir im Laufe der Jahre,

dass sie von Paul angetan waren. Bedauerlicherweise für sie heiratete Paul nie. Sein Zimmergenosse am Reed College, Hunter, blieb sein lebenslanger Gefährte. Paul und Hunter führten getrennte Leben, aber sie kehrten immer wieder in ihr gemeinsames Haus in Olympia, Washington, zurück.

1928 war Paul Wiseman ein 16-jähriger Pfadfinder auf einer Expedition zur Erkundung der südlichen Gipfel der Olympic Halbinsel, die das westliche Drittel des ganzen Bundesstaates Washington einschließt, und die damals fast unbekannte Wildnis war. In den folgenden Jahren wurde er zu einem unermüdlichen Verfechter der Erhaltung der Wildnis auf der ganzen Olympic Halbinsel. Er trieb den US-Kongress dazu, den riesigen Olympic Nationalpark zu schaffen, was endlich 1938 geschah.

Auf der Pfadfinderexpedition 1928 machte Paul die Erstbesteigungen des 1943 Meter hohen White Mountain und seines Nachbarn, des 1960 Meter hohen Mount La Crosse. Fünfzig Jahre später, im September 1978, führte er eine Gruppe von fünf Bergsteigern an, um den goldenen Jahrestag dieser beiden Erstbesteigungen zu feiern. Ich war überglücklich, auf dieser Jubiläumsbesteigungsliste zu stehen.

Nach viel Regen in den Olympic Mountains hatte unsere kleine Gruppe das Glück, unsere Tour während einer zweiwöchigen Sommersonnenphase zu beginnen. Doch im Wald in den Tälern entlang der Flüsse mit tiefen Herbstschatten und viel Moos war es kühl. Die Gipfel hatten aber noch keinen Hauch von Weiß und sonnten sich unter einem azurblauen Himmel. Wir wanderten auf dem Dosewallips River Trail zum Basislager und ließen unser Gepäck für die Nacht im Camp Sibirien zurück. Dort bekam ich einen Schreck, als ich bemerkte, dass sich eine schwarze Bärin 2 Meter links von mir befand, aber schlimmer noch, dass ihre zwei Jungen 1,5 Meter rechts von mir standen. Zu meiner Erleichterung schnaubte sie nur ihre Kinder an, und alle schlenderten in den Busch davon. Während ich mein Zelt aufbaute, sank mein Puls wieder auf normal. Da wir vermuteten, möglicherweise nicht vor Einbruch der Dunkelheit ins Lager zurückzukehren, bereiteten wir unseren Platz lieber früher als später unter dem schwachen Licht unserer Stirnlampen vor.

Unser erstes Ziel war der Gipfel des White Mountain. Obwohl Paul sich selten an Fred Beckys Kletterführer „Climbers Guide to the Cascades and Olympics" hielt, führte er uns auf den Standardweg, der im Buch aufgeführt ist. Es war schließlich die Route, die er selbst als 16-Jähriger angelegt hatte. Bald wich der Wald subalpinen Tannen, und die Ausblicke wurden mit jedem Schritt nach oben heller und von einem Hauch von Herbstfarben durchzogen. Als wir höher kamen, blickten wir über ein gletscherbedecktes Meer von Gipfeln im Norden, hinunter ins Dosewallips-Tal auf die kleinen hängenden Gletscher in der Nähe, wie z.B. am Mount Anderson [siehe Zeichnung unten] und über eine Wasserscheide zum Gipfel des Mount La Crosse, dem Ziel des nächsten Tages.

Der Gipfelaufbau des White Mountain war einfach, aber steil und daher ausgesetzt. Im Herbstsonnenschein und der Stille auf dem Gipfel erzählte uns Paul Geschichten von den Pfadfindern dort vor fünfzig Jahren. Von unserem

Aussichtspunkt aus war alles fröhlich, bis wir hinunter zum Col blickten, dem Pass zwischen den Bergmassiven, der unsere Aufstiegsroute gewesen war. An der Stelle, wo wir unsere schweren Rucksäcke und Eispickel abgelegt hatten, um im Hemd auf den Gipfel zu steigen, bemerkten wir weit unterhalb von uns, dass fünf schneeweiße Bergziegen auf unsere Ausrüstung losgegangen waren. Diese ewig salzverhungerten Tiere waren hinter unserem Schweiß her. Wir konnten zwar nicht sehen, was sie machten, aber zweifellos leckten sie an unseren Eispickelriemen, Rucksäcken und deren Gürteln. Was könnten wir mehr tun, als zu hoffen, dass sie nicht auch noch den Drang zum Kauen bekommen? Als wir zum Col zurückkamen, stellte sich heraus, dass es keinen irreparablen Schaden gab, nur ein paar erinnernde Zahnabdrücke.

Im Jahre 1978 war die Route, die wir genommen hatten, um in den Bereich von White Mountain und Mount La Crosse zu gelangen, schon auf dem Weg dazu, zum Wanderklassiker zu werden, aber immer noch wenig besucht. Der Weg führt vom Dosewalips Fluss im Osten über einige Pässe und entlang mehrerer Flüsse zum Pazifischen Ozean im Westen, und normalerweise braucht man drei bis fünf Tage, um diese Entfernung zu bewältigen. In jenem September ruhte das Crescendo der Wasserfälle der Frühlingsschneeschmelze. Die meisten Vögel hatten sich bereits ins Flachland zurückgezogen, weil sie wussten, dass der Winter nur ein paar Wochen entfernt war. Das üppige Laub des Sommers, die Hellabore, der Igelkraftwurz und die Kuhpastinake verrotteten und stanken. Der gelegentliche Hauch des Gestanks war nicht schlimm, ein bisschen so wie der Geruch vom Kuhmist im Milchland, der einer frischen Brise eine pastorale Atmosphäre verleiht.

Nach kurzer Zeit waren wir wieder bei unseren Zelten und dem Abendessen - nachdem wir das Essen geholt hatten, das wir vorsorglich vorher zwischen den Bäumen außerhalb der Reichweite von Bären aufgehängt hatten. Am nächsten Morgen im schwachen Schimmer der Morgendämmerung, ging Paul zu jedem Zelt, um uns zu wecken. Bald durchbrach das Zischen der MSR-Kocher die Stille, als jeder von uns seinen Kaffee und das mitgebrachte Frühstück zubereitete. Wir schlossen die Zeltklappen und folgten Paul auf seiner eigenen, unmarkierten Route in Richtung La Crosse. Der Weg durch eine Reihe von Felsbändern, Couloirs und Felsgraten würde „interessanter" sein als der gewöhnliche Weg, erklärte Paul, ohne zu verraten, dass er sich des Aufstiegsweges nicht sicher war.

Auf der Schattenseite von La Crosse war es kalt, aber unser zügiges Klettern wärmte unsere Muskeln. Wir machten gelegentlich kurze Pausen, und nachdem wir etwa drei Stunden vom Lager entfernt waren, schien Paul Schwierigkeiten zu haben, den besten Weg zum Gipfel zu finden. Es war nicht so, dass wir „vom Weg abgekommen" wären, da wir uns ja gar nicht auf einem bekannten Weg befanden. Irgendwie war der Gestank von verrottetem Bärenklau in der Luft stärker geworden, was seltsam schien, da wir diese verrottenden Pflanzen weit unter uns gelassen hatten.

Einer nach dem anderen konzentrierte sich emsig aufs Klettern. Da wir immer drei von unseren vier Extremitäten (Hände und Füße) im Kontakt mit dem Felsen halten mussten, war etwas Konzentration angesagt, also schauten wir uns nicht um. Der Felsgrat, auf dem wir aufstiegen, befand sich nur zweieinhalb Meter rechts von einem trockenen Couloir, einer prächtigen Schlucht, die im Frühling und Sommer voller Lawinenschnee sein würde. Ich war der Letzte in unserer Sechs-Kletterer-Linie, und weil der Felsen über mir konvex war, hatte ich keine Sichtlinie auf die anderen.

In diesem Moment schrie die junge Frau über mir: „Ist das etwa eine Leiche?" Ich schrie zurück: „Was meinst du? Ein Reh? Ein Murmeltier?" Ihre verärgerte Antwort kam: „Nein! Eine Leiche. Du weißt schon, eine echte Leiche". Zu diesem Zeitpunkt hatte der Typ über ihr aufgehört zu klettern und drehte sich um. Mit einem Anschein von britischem Humor erklärte er: „Ja, das ist wohl eine Leiche".

Jetzt wussten wir alle, dass die Quelle des Gestanks nicht pflanzlicher Natur war. Der Leichnam war auf den Couloir ausgerichtet, Kopf nach oben, Füße nach unten. Der leere Schädel blickte mit dem Hals nach oben zum Gipfel. Hinten am Schädel hing noch eine schwarze Haarmähne. Der Oberkörper war ein Knochengerüst, das in einen schwarzen Fischerpullover gekleidet war. Unerklärlicherweise war er teilweise hochgezogen, so dass ein Teil des leeren Brustkorbs sichtbar war. Es war offensichtlich ein Mann, etwa eins neunzig groß. Die Knochen beider Arme und aller Finger waren noch vorhanden. An keinem Finger befanden sich Ringe. Aber an der Taille, unter hellbraunen Cargo-Shorts mit einem Netzgürtel, verwandelte sich der Kerl von einem Skelett in graue, aufgeblähte Beine und nackte Füße. Die Haut war so straff gespannt, dass sie bei einem Nadelstich zu explodieren schien. Wo waren seine Socken und Stiefel?

Wir standen nah vor ihm. Sein Mund war offen, und es war klar, dass er von einer guten Zahnpflege profitiert hatte. Das Traurigste war vielleicht die Art und Weise, wie die Augenlöcher im Schädel nach oben und zu den Höhen von La Crosse gerichtet zu sein schienen, wovon er offensichtlich gefallen war.

Wir versammelten uns alle auf drei kleinen, treppenartigen Simsen neben der Leiche. In fassungslosem Schweigen betrachteten wir die Überreste eines Mannes, der Monate zuvor noch ein Bergliebhaber genau wie wir gewesen war. Paul fragte: „Was wollt ihr machen?" Niemand wollte klettern. Wir beschlossen, einen Weg zu finden, einen Ranger des Nationalparks zu benachrichtigen, sobald wir einen fänden. Unsere Karten zeigten eine Rangerstation etwa drei Stunden entfernt auf dem Weg nach Westen. Würde sie im September noch besetzt sein? Zwei aus unserer Gruppe meldeten sich freiwillig, zum Weg abzusteigen und zur Station zu rennen. Wir dachten, sie könnten rechtzeitig zurück in Camp Sibirien sein, um an diesem Abend das Lager abzubauen, und dann könnten wir zusammen zum Dosewallips-Trail-Head gehen, wo unsere zwei Wagen geparkt waren.

Für uns vier Übrigen begann der Rückweg zum Lager zunächst düster, aber nach und nach setzte wieder die Kameradschaftsplauderei ein. Während des Abstiegs banden wir gelbes Plastik Markierungstape (wir trugen den Stoff in unseren Rucksäcken, um wenn nötig den Weg im Nebel zu markieren) an Büsche, um den Weg zu markieren, damit die Leiche schließlich geborgen werden konnte.

Wir mutmaßten, warum dieser Kerl offenbar allein kletterte und warum er sich hoch oben an den Flanken des Mount La Crosse befand. Wo war sein Rucksack? Wo war seine Sonnenbrille? Hatte er überhaupt eine Uhr? Er muss sicherlich auch einen Eispickel gehabt haben. Ich vermutete, dass der Oberkörper, da er ein Skelett war, den ganzen Sommer der Luft und den aasfressenden Vögeln ausgesetzt gewesen war. Nach dem Sturz aus der Höhe ist er wahrscheinlich mit den Füßen voran in den weichen Schnee des Couloirs gestürzt. Bis zum Spätsommer wäre die gesamte Kühlung seines Unterkörpers verschwunden gewesen. Offensichtlich war es also noch nicht lange her, da seine verrotteten Beine und Füße wie Ballons aufgebläht waren.

Paul räumte ein, dass seine Fähigkeiten zur Wegfindung vielleicht nicht so gut gewesen waren, wie er anfangs gedacht hatte. Oberhalb des Gebiets, in dem die Leiche gefunden wurde, befanden sich Felsbänder der Klasse 5, auf die wir nicht vorbereitet waren. Wir hatten keine Seile und Sitzgurte mit. Paul hätte den Aufstieg wahrscheinlich sowieso abgebrochen.

Zurück in Camp Sibirien machten wir Kaffee und plauderten. Die beiden Freiwilligen kamen von der Rangerstation zurück, noch bevor es dunkel wurde. Es hatte sich herausgestellt, dass die Station zwar kurz vor der Schließung für die Saison stand, aber noch besetzt war. Der Ranger meldete sich per Funk bei der Parkverwaltung des Olympic

Nationalparks in Port Angeles und erhielt den Befehl, zum Couloir hinaufzugehen und neben der Leiche zu campen, während er auf die Bergung der Leiche wartete.

Die beiden Männer von unserer Gruppe, die den Alarm ausgelöst hatten, waren von dem Befehl verblüfft. Sie schrien ins Mikrofon: „Nein! Nein! Nein! Es ist eine Felswand. Da ist kein Platz für ein Zelt. Selbst wenn jetzt noch Wanderer in der Nähe wären, würde niemand bei klarem Verstand—äh, ah, ähm—da raufgehen!" Die Zentrale gab nach und wies den Ranger an, am nächsten Tag mit einem Partner dorthin zu gehen, Fotos zu machen und ein Diagramm für einen Bericht zu zeichnen. Außerdem solle er sich bereithalten, einen Leichensammeltrupp vom Büro des Gerichtsmediziners an die Stelle zu führen, nachdem die Washington State Patrol die Zuständigkeit für dieses Gebiet weit entfernt von einer Stadt bestimmt hatte - wahrscheinlich in ein paar Tagen.

Wir verließen Camp Sibirien und gingen den Dosewallips Trail hinunter zu unseren Autos. Ich folgte Paul, damit wir uns unterhalten konnten. Ich fragte ihn nach den anderen Klettertouren, die er kürzlich geleitet hatte. Er war in seinen sechziger Jahren, also fragte ich: „Paul, du kletterst fast jedes Wochenende in den Bergen. Hast du nie Schmerzen, die dich zum Aufgeben bringen?" Er antwortete: „Natürlich habe ich die. Aber wenn ich auf die Wehwehchen, Schmerzen und Proteste meiner armen Knochen achten würde, würde ich nie etwas tun".

In diesem Moment fasste ich den Entschluss, dass ich wie Paul sein wollte.

119

Nachtrag

Einen Monat später berichtete die Zeitung *The Seattle Times,* dass die Washington State Patrol die Registrierungen in der Tafel und der Ausgangspunkte im südlichen Teil des Parks mit den Namen in ihrer Datenbank für Vermisste verglichen hatte. Es gab eine Übereinstimmung. Auf den Eintragungslisten des Dosewallips-Trails vom späten Mai bis Anfang Juni stimmte der Name eines Mannes überein. Er hatte sich für eine Solo-Wanderung auf der Pazifikseite des Parks angemeldet. Es stellte sich heraus, dass er Student mit einer Adresse in einem Staat in der Mitte der USA war. Er studierte im Semester vor seinem Tod an der Prestige-Hochschule Evergreen State College, ein paar Stunden südlich des Olympic Nationalparks.

Laut Zeitung hätten seine Eltern ihn bei der Washington State Patrol als vermisst gemeldet, da er nach dem Ende des Frühjahrsemesters nicht wieder nach Hause kam. Die Zeitung spekulierte, dass er per Anhalter zum Ausgangspunkt gefahren sei, mit dem Plan schlussendlich per Anhalter von einem anderen Trailhead auf der gegenüberliegenden Seite des Parks wieder zurück in die Zivilisation zu fahren, was erklären würde, warum weder am östlichen noch am westlichen Ausgangspunkt ein Auto zurückgelassen wurde.

Ja, das ist eine Leiche.

In der Alumni-Publikation des Reed College, *REED MA-GAZINE 2013*, gab es mehrere Einträge:

Der renommierte Alumnus und Philanthrop Paul Wise-man war bis in seine Achtziger als aktiver Kletterführer bei den Mountaineers tätig und konnte auch nach sei-nem Rückzug aus der Führung mit 80 immer noch oft in den Bergen gesehen werden. Seine Kletterschuhe häng-te er 2011 endgültig an den Nagel, zwei Tage vor seinem 99. Geburtstag.

Andacht von einem Kletterer, mit Blick auf den Anderson Peak und den Anderson Gletscher, in der Nähe von Mount La Crosse und White Mountain.

Dritter Teil:

Unfall-Untersuchungen in Alaska

Dieser Abschnitt knüpft nahtlos an die Erzählungen von Kapitel 1 und 2 an. Ich hatte mir meinen Traumjob als vom Staate Alaska zugelassenen Schadensgutachter für Personenschäden gesichert. Dank meiner früheren Erfahrungen in der Notfallmedizin und dem Bergsteigen avancierte ich schnell zum Experten für Katastrophen mit Verletzungen, Blut und Tod.

Egal, ob du nun ein Automechaniker bist, der dank eines Deppens, der dir bei Rotlicht hinten auffährt, mit einem Schleudertrauma flachliegt, oder ob du eine alleinerziehende Mutter bist, die erfahren muss, dass ihre Wohnung mit den beiden Kindern drin abgebrannt ist – die Bedürfnisse bleiben gleich: Respekt. Mitgefühl. Hilfe.

Die folgenden Geschichten sind ein Querschnitt von Versicherungsfällen aus ganz Alaska, die ich bearbeitet habe. Es sind nicht die schlimmsten, nicht die blutigsten, nicht die traurigsten und – es mag schwer zu glauben sein – es gibt tatsächlich noch witzigere Schadensfälle als die hier erzählten. Die ausgewählten Geschichten zeichnen ein Bild von mir in meinem absoluten Traumjob, an dem Ort, den ich mehr als jeden anderen liebe: Alaska.

Eine Drossel singt von einem Totholz in einer Kahlschlagfläche auf Prince of Wales Island, westlich von Ketchikan.

Kapitel 10

Blaues Kleid mit langen Ärmeln

Nome liegt an der Südseite der Seward-Halbinsel, die sich nach Westen in Richtung Sibirien in Russland erstreckt. Diese Stadt ist der Zielstrich des Iditarod-Trail-Sled-Dog-Race, das 1.690 Kilometer von Anchorage nach Nome führt. Touristen verwechseln den Namen „Seward-Halbinsel" manchmal mit der „Kenai-Halbinsel", wo sich der Kreuzfahrthafen Seward an der Resurrection Bay neben dem Kenai Fjords Nationalpark befindet. Die Halbinsel, auf der Nome liegt, liegt weit im Norden und Westen und wird vom Polarkreis durchschnitten.

Die Kenner der Geschichte Alaskas wissen, dass der Stadt-
name Nome für das Adjektiv „unwahrscheinlich" stehen
könnte. Nome hat keinen natürlichen Hafen, keine Wälder,
keinen schiffbaren Fluss; gäbe es nicht die Goldgräbereien
der 1890er Jahre, würde Nome nicht existieren. Von 1895
bis 1899 waren Goldsucher und Gauner eingeströmt, und
Richter, die durch skrupellose Verbindungen nach Seattle
ermächtigt waren, fällten Urteile, die die allgegenwärtigen
Verbrechen des Claim-Jumps ermöglichten, wobei die
Richter selbst von den Claim-Jumpern bestochen wurden.

Was übte eine solche Anziehungskraft auf 20.000 Berg-
leute (einschließlich Halunken und Saloon Tänzerinnen;
und sogar den berühmten Revolverhelden Wyatt Earp aus
Tombstone in Arizona) aus, dass diese auf kaum seetüchti-
gen Dampfern von Seattle oder San Francisco nach Nome
schipperten? Nun, Gold konnte man hier an den Stränden
von Hand aufheben! Noch heute können einige Sommer-
Goldwäscher ihren Lebensunterhalt durch Goldwaschen
am Ufer des Norton Sund in Gehweite von Nomes Front
Street verdienen.

Bis 1910 waren die Goldgräbereien, die einige Leute reich
gemacht hatten, größtenteils vorbei. Wyatt Earp zog ins
nahe gelegene Dorf St. Marys am Yukon River, wo er She-
riff wurde. Mit heute fast 4.000 Einwohnern ist Nome
nach Alaskischen Maßstäben immer noch eine große Stadt.

Es gibt 16 dauerhaft bewohnte Inupiaq Dörfer auf den
53.400 Quadratkilometern der Seward-Halbinsel. Zwei dieser dauerhaften Siedlungen, Golovin und White Mountain,
meine persönlichen Favoriten, sind Iditarod-Checkpoints

für Hundeschlittengespanne im letzten Abschnitt des Rennens, dem West-Dash über den Norton Sund und unter dem großen Wurzelholz-Bogen, dem Zielstrich des Iditarod Trails auf der Front Street in Nome.

Obwohl der Name „Olson" nicht typisch für Inupiaq-Eskimos klingt, ist er in Golovin und Nome tatsächlich ein bekannter Nachname. Der allererste Olson war ein Entdecker aus Norwegen aus dem 19. Jahrhundert. Olson Air Service hatte seine Wurzeln in Golovin, und sein legendärer Chefpilot war Emo Olson, der bei einem Landeunfall ums Leben kam. Seine Schwester, „Sister" geborene Margaret, übernahm dann das Geschäft und führte es vom Nome-Flughafen aus für einige Jahre.

Sister erzählte mir, dass Emo nicht der richtige Name ihres Bruders war. Als kleiner Junge versuchte er zu sagen: „Ich bin Eskimo", brachte aber nur „Ich bin Emo" heraus, was hängen blieb. Jetzt gab es nur ein Mädchen unter den Olson-Jungs, die Schwester, und so wurde sie Sister genannt, obwohl unzählige Menschen im Laufe der Jahre ihren Namen für einen Titel hielten und dachten, sie sei eine Nonne. Sister war diejenige, die mich mit dem Muktuk versorgt hatte, das von den Waljägern im Dorf Savoonga auf Saint Lawrence Island geerntet wurde [Kapitel 1]. Wenn man in einem kleinen Flugzeug der Bering Air nach Savoonga hinüberfliegt, und man mit den Wolken etwas Glück hat, kann man einen erstaunlichen Blick auf die Berge der Tschuktschen-Halbinsel im russischen Fernen Osten erhaschen, bevor die Maschine auf der Schotterpiste landet.

Im Juli 1996 nahm eine vierundzwanzig Jahre alte Inupiaq Frau, die ich für diese Geschichte Bernice nenne,
einen Sommerjob in Nomes Fischfabrik an. Mit ihrer
zweieinhalbjährigen Tochter flog sie ein und sicherte sich
eine winzige Firmenwohnung am Ufer des Sumpfes des
kleinen Snake River. Während sie in der Konservenfabrik
arbeitete, teilten sich andere Inupiaq-Frauen, die in unterschiedlichen Schichten arbeiteten, die Aufgabe, ein halbes
Dutzend Kinder zu beaufsichtigen. Typisch für Westalaska
gab es kein Gras in der Nähe, nur eine weite Fläche aus
Flusskies, die von den Arbeiterkabinen zum Strand hinunterliefen. Dieser Spielplatz für Kinder diente gleichzeitig
als Zufahrtsstraße zu den Wohnungen.

Niemand in den Konservenfabrikwohnungen hatte einen
Wagen. Sie mussten für zur Arbeit nur den Hinteraus-
gang aus ihrer Wohnung nehmen. Und wenn sie woanders
hinmussten, bestellten sie ein Taxi. An einem windstillen
Tag fuhren die Kinder mit ihren Drei- und Fahrrädern
mit Stützrädern, als ein Mann auf einem Jetski, der auf
dem Sumpf herumtobte, ihre Aufmerksamkeit erregte. Sie
fuhren alle zum Strand, um das Schauspiel zu beobachten.
Dementsprechend spielten die Kinder nun mitten auf dem
Weg, der sonst meist als Einfahrt diente. Bernice war bei
der Arbeit, und es wurde nie ganz klar, wer sonst zu diesem
Zeitpunkt für die Kinder zuständig sein sollte.

Ein Taxi fuhr von der Nome-Airport-Straße auf den Kies
und setzte seinen Passagier vor einer der Wohnungen ab.
Bernices Tochter wählte genau diesen Moment, um mit ihrem Dreirad den sanften Anstieg zu ihrer eigenen Haustür

hinaufzufahren. Taxis haben es oft eilig, Zeit ist Geld. Der Taxiwagen fuhr schnell rückwärts und überfuhr tragischerweise das Dreirad und das kleine Mädchen.

Jemand rannte schreiend zur Fabrik, um Bernice zu holen. Sie war noch vor den EMT-Sanitätern der Nome Feuerwehr am Tatort. Bernice nahm ihre Tochter in die Arme und sah, dass ihre kleine Brust eingedrückt war und Blut aus tiefen Reifenspuren an beiden Armen sickerte. Bernice versuchte, ihre zappelnde Tochter festzuhalten und etwas Blut mit ihrem eigenen Sweatshirt aufzuwischen. Als die Sanitäter eintrafen, hatte sich ihr kleines Mädchen nicht mehr bewegt. Es war schwer für Bernice, sie dem EMT Team zu übergeben, aber sie wusste, dass diese Männer ihre letzte Hoffnung waren.

Die Sanitäter arbeiteten lange Zeit daran, das Mädchen wiederzubeleben, während Bernice neben ihnen im Rettungswagen saß. Als sie ins Krankenhaus fuhren, begleitete Bernice ihre Tochter. Das Krankenhaus war nicht weit entfernt - nichts in Nome ist weit. Dort teilte ihr der Notfallarzt mit, was sie bereits wusste. Mit den freundlichsten Worten, die er aufbringen konnte, sagte er, dass ihr kleines Mädchen verstorben sei. Für diese Notaufnahme war sie eine D-O-A, „Dead on Arrival".

In Anchorage erhielt ich den Anruf von Ron Fly, leitender Komplexschadensachbearbeiter in Omaha, einem der ethisch mutigsten Männer, die ich jemals kennengelernt habe. Die National Indemnity Company, eine Berkshire-Hathaway-Gesellschaft, war der Versicherer des Taxis. Bevor ich mich versah, saß ich im nächsten Alaska Airlines

Jet nach Nome. Nach der Landung und Abholung meines Mietwagens fuhr ich zu dem kleinen Haus meiner Freundin June Engstrom, das sie als Pension mit Frühstück betrieb. Da das Häuschen klein war, und June schon in internationalen Reiseartikeln für ihren freundlichen Empfang und ihren Sauerteigpfannkuchen bekannt war, gab sie Gästen auch gerne ihr eigenes Schlafzimmer, während sie selbst in der Garage schlief.

Meine Aufgabe war es, alle Fakten zusammenzutragen, mich mit den Zeugen zu treffen und zu sehen, was man tun konnte, um in der Tragödie zu helfen. Der Taxifahrer, ein junger Mann, befand sich in Polizeigewahrsam und durfte noch mit niemandem sprechen - die Beamten sagten mir, er sei sowieso nicht in der Verfassung dazu. Das war in Ordnung. Ich würde ein paar Tage in Nome bleiben und konnte warten, bis ich seine Geschichte hörte. In der Zwischenzeit befragte ich den ermittelnden Beamten und besorgte mir später den Bericht der Nome-Polizei. An meinem letzten Morgen in der Stadt würde der Fahrer mir schließlich seine Aussage geben können.

An meinem ersten proppenvollen Tag in Nome suchte ich nach Bernice; es überraschte mich nicht, dass sie ihre Wohnung in der Konservenfabrik verlassen hatte. Sister Olson sagte mir, sie sei wahrscheinlich in einem großen Haus mit mehreren Mitgliedern von Bernices erweiterter Familie. Ich fuhr zu dieser Adresse, klopfte an und wurde in den hinteren Teil des größten Raumes im Haus geführt. Dort gab es zwei konzentrische Kreise von Klappstühlen. Die Frauen, einschließlich Bernice, saßen innen, und die

Männer im äußeren Kreis. Einige Männer schlugen einen Rhythmus auf traditionellen, kreisförmigen Robbenfelltrommeln. Die meisten sangen Lieder der Ureinwohner, die für meine westlichen Ohren wie Gesänge klangen. Ich nahm einen Platz im Männerkreis ein.

Nach etwa einer halben Stunde stand Bernice, die nicht an den Liedern teilgenommen hatte, auf und schrie. Alle verstummten. Sie sprach: „Meine Tochter liegt tot im Krankenhaus, und es gibt niemanden, der ihr das Blut von den Armen wäscht".

In den folgenden Momenten erklärte Bernice, dass ihr Kind noch die Kleidung trug, die es zum Zeitpunkt seines Todes trug. Bernice hatte kein Geld für eine angemessene Beerdigung und keine Möglichkeit, zur Beerdigung nach Golovin zurückzukehren. Das vielleicht Ergreifendste, was Bernice sagte, war, dass das Gesicht ihrer Tochter noch immer so süß aussah wie immer. Selbst wenn ihre Verwandten aus den umliegenden Dörfern einfliegen könnten, wollte sie nicht, dass sie die Reifenspuren des Taxis auf den Armen ihrer Tochter sähen.

Ich wartete, bis Bernice fertig war und stand auf. Als sich die ganze Gruppe zu mir umdrehte, erklärte ich, dass ich im Auftrag der Versicherung des Taxifahrers da sei. „Ich habe keine Worte, um meine Trauer auszudrücken, aber ich kann die finanziellen Probleme beheben. Wenn Bernice es wünscht, werde ich die Details für die Beerdigung nach ihren Anweisungen arrangieren".

Kurz darauf rief ich Ron Fly nach Feierabend in seinem Haus in Omaha an. Er autorisierte mich, alles zu tun, was ich für nötig hielt, und ich solle mir keine Sorgen um das Budget machen. Es gäbe genügend Absicherung auf der Versicherungspolice, aber jetzt ginge es darum, zu helfen. (Ein Zyniker könnte hier anmerken, dass dies nur der Versuch des Unternehmens sei, „die Kosten des Schadensfalls unter Kontrolle zu halten". Das war es nicht. Ron und die Menschen, mit denen er arbeitete, leisteten gute Arbeit, weil sie außerordentlich mitfühlende Menschen waren.)

Ein paar Stunden später traf ich mich mit Bernice und fünf ihrer engsten Familienmitgliedern, um die nächsten Schritte zu besprechen. In Nome gibt es kein Bestattungsinstitut, also musste Bernices Tochter zu einem in Anchorage geflogen werden, um einbalsamiert und in einen geeigneten Sarg für Kinder gelegt zu werden. Bernice bestimmte, dass sie ein Kleid in ihrer Lieblingsfarbe Blau tragen solle, aber mit langen Ärmeln, damit die Leute bei der Besichtigung die Wunden an ihren Armen oberhalb der Handgelenke nicht sehen könnten.

Es dauerte zwei Tage, alles zu arrangieren. Alaska Airlines würde ihre Leiche nach Anchorage fliegen, wo das Bestattungsinstitut sie empfängt. Der schwierigste Teil war es, ein blaues Mädchenkleid mit langen Ärmeln aufzutreiben. Ich fand es bei JC Penney in der Fifth Avenue Mall in Anchorage, und die nette Verkäuferin am Telefon sagte sogar, sie würde es in ihrer Pause persönlich zum Bestattungsinstitut bringen.

Es stellte sich heraus, dass es zwei Begräbnisse geben würde, eines in der lutherischen Kirche in Nome und fünf Tage später eine traditionelle Zeremonie der indigenen Inupiaq Eskimos auf dem Friedhof von Golovin. Ich arrangierte eine offene Rechnung bei Bering Air für Verwandte von der gesamten Seward-Halbinsel und bis hinauf nach Kotzebue, damit sie nach Nome und dann Richtung Osten nach Golovin geflogen werden konnten. Während ich mich um die Vorbereitungen kümmerte, traf ich auf Bernices Mutter. Da Englisch nicht ihre Muttersprache war, sagte sie mir in gebrochenem Englisch einen Satz, den ich immer in Ehren halten werde: „Ich kann sehen, dass du ein wirklich cooler Typ bist".

Am vierten Tag war meine Arbeit endlich abgeschlossen, und alle komplizierten Vorkehrungen waren getroffen. So flog ich an einem sonnigen Sommerabend mit der Alaska Airlines 737-200 Combi (die vordere Hälfte des Flugzeugs war der Frachtabteil) zurück nach Anchorage. Ich hatte den Fensterplatz vorne links vor der Trennmauer im Flugzeug, direkt vor der Tragfläche. Als wir von Nome aus aufstiegen und über den Norton Sund flogen, kam die Küste unter dem blendenden Alaska-Sommernachtslicht ins Blickfeld, und darunter lag das Dorf Golovin. In diesem Moment traf mich das Gewicht dessen, was ich getan hatte, mit voller Wucht. Ich wischte mir Tränen aus den Augen.

Nach Abschluss des Falls erhielt ich von Ron Fly einen Höflichkeitsbericht. Mit dem Anwalt in Nome hatte alles gut geklappt, und die Erbmasse für das kleine Mädchen war sowohl gerecht als auch großzügig. Alle Rechnungen für Flugkosten und Bestattungsdienste wurden beglichen, ebenso wie ein beträchtlicher Schadenersatz für die Mutter. Aber ich fragte mich insgeheim, wie man den Wert eines toten kleinen Mädchens bemisst. Ich war froh, dass er es war und nicht ich, der das tun musste.

Kapitel 11

Bingo!

Für viele Alaskaner ist Bingo wie Kirche, nur besser. Aber in Bingo-Zentren kommen überraschend viele Unfälle vor. Verdrehte Knöchel, ausgekugelte Schultern, gebrochene Kniescheiben. Und weil Bingo im Winter am beliebtesten ist, sind gebrochene Knöchel und verstauchte Handgelenke die größten Risiken auf den Parkplätzen, besonders wenn man keine Spikes an den Schuhen tragen will. Die Spieler schlurfen normalerweise auf dem Teppich in Nikes oder Adidas oder etwas Ähnlichem herum.

Die typische kommerzielle Versicherungspolice in Alaska umfasst eine „verschuldensunabhängige Deckung für medizinische Leistungen auf dem Betriebsgelände" (Medizinische Leistung) mit einer Deckungsgrenze von in der Regel 10.000 Dollar. Das bedeutet, dass man nur einen Unfall - typischerweise einen Ausrutscher - auf dem versicherten Grundstück haben muss, um seine Arztrechnungen bezahlt zu bekommen. Selbst wenn du über deine eigenen Schnürsenkel stolperst, werden deine medizinischen Kosten übernommen. Übersteigen die Kosten die Medizinleistungsgrenze, muss eine nachweisbare Fahrlässigkeit des Versicherten vorliegen, damit die Haftpflichtdeckung greift. Wie man sich denken kann, bevorzugen Anwälte diese letztere Deckung, weil ihr Drittel oder die Hälfte des gesamten Geldes eine viel größere Summe ist.

Da in Alaska, im Gegensatz zu den meisten anderen Bundesstaaten, große Reklametafeln verboten sind, ist diese Klasse von Anwälten gezwungen, mit Flugblättern per Post, mit Plakaten an den Seiten der städtischen Busse und im Spätfernsehen zu werben. „Hast du einen Unfall gehabt?" „Bist du bei einem Unfall verletzt worden?" „Ruf uns sofort an, und wir besorgen dir das Geld, das du verdient hast!"

Ein typischer Abend in einer Bingo-Halle: Die Spieler:innen kommen am späten Nachmittag an, und es wird gegen Abend voll. Beim Betreten kaufen die Spieler ihre Bingo Karten und leihen sich ihre Stempel vom Kassierer. Sets werden zusammengefügt, und dann gibt es eine längere Pause, damit der Ansager seine Stimme schonen kann. Und hier beginnt das große Problem: Während den Pausen zwischen den Sets sind die Snackbar und die Toiletten überfüllt. In dieser Zeit schnappen sich die Spieler

Bingo!

Mountain Dew, Pizza und Popcorn, oder benutzen die Toiletten. Frauen brauchen in der Regel länger auf der Toilette als Männer, und im Allgemeinen spielen mehr Frauen als Männer Bingo. Dementsprechend sind die Damentoiletten in den Bingo-Hallen überfüllt, mit langen Schlangen für wenige Kabinen. Wenn dann die Stimme des Ansagers durch die Lautsprecher schallt: „Wir beginnen jetzt mit Spiel Nummer Sieben des Abends!", kommt plötzlich ein Gefühl der Dringlichkeit auf. Die Spielerinnen haben Karten auf dem Tisch, und diese Karten stempeln sich nicht von selbst, und so beginnt der Ansturm.

Weil Geld im Spiel ist - manchmal viel Geld - gibt es überall Überwachungskameras, außer in den Toiletten. Von den Zeugen in mehreren Untersuchungen bin ich informiert worden, dass die Damentoiletten chaotisch werden, wenn die Stimme des Bingo-Ansagers zu hören ist. Frauen mit gekreuzten Beinen, die gegen Kabinentüren hämmern, andere, die an den Waschbecken drängeln, an den Papierhandtuchspendern ziehen. Und häufig wird Wasser vom Waschbecken auf den Keramikfliesenboden geschüttet.

Diese typisch chaotische Szene spielte sich vor einem ernsten Unfall ab, den ich in einem Bingozentrum in Anchorage untersuchte. Der Teppich war erst kürzlich erneuert worden, und der Flor des Gewebes war noch nicht durch den Fußverkehr plattgetreten. Eine 55-jährige Frau hatte auf dem Weg zum Bingo bei Nordstrom Rack Halt gemacht, um neue Schuhe zu kaufen. Die Schachtel und die Verpackungen lagen noch auf dem Sitz ihres Autos, als sie sich im Saal mit ihren Freundinnen traf. Während der Pause war die Toilette überfüllt, und die Frau geriet in Panik, als sie die Nummerierung wieder aufnehmen hörte. Sie stürmte in den Raum, wo sich die brandneuen Sohlen ihrer Turnschuhe auf dem brandneuen Teppich festsetzten. Sie stolperte und stürzte mit dem Gesicht voran und mit ausgestrecktem Arm.

Blut strömte aus ihrer gebrochenen Nase, und ein Ellbogen war wahrscheinlich gebrochen. Trotzdem machte die Frau niemandem Vorwürfe; sie sah sich selbst als die Verantwortliche für den Unfall. Wenn sie nur gegangen wäre, anstatt zu rennen, wäre alles in Ordnung gewesen. Einen Tag später erlaubte mir die Frau freundlicherweise, ein telefonisches Interview aufzuzeichnen. Sobald klar war, dass sie nur Hilfe bei ihren medizinischen Kosten brauchte, konnte ich die Schadensakte an das Büro für medizinische Auszahlungen des Versicherungsunternehmens weiterleiten. Die Kosten würden die „primäre" Deckung der Bingo-Halle übersteigen, aber dann würde ihre eigene Krankenversicherung als „Überschuss" einspringen und den Rest übernehmen.

Bei einem anderen Vorfall in einem anderen Bingozentrum in Anchorage rutschte eine Frau auf dem wassergetränkten Flur vor den Waschbecken in der Toilette aus. Zwei andere Damen halfen ihr auf die Beine und wurden später Augenzeuginnen in diesem Fall. Ich werde die Partei, die gestürzt ist, Frau Schmerz nennen. Sie verlangte, mit dem Manager zu sprechen, der bereits von einem anderen Gast über den Unfall informiert worden war und auf dem Weg zu ihr war. Frau Schmerz behauptete, sie habe sich wahrscheinlich die Schulter gebrochen, woraufhin der Manager sagte, er würde die EMT-Sanitäter rufen. Sie entgegnete: „Nein, nein, lassen Sie mich einfach einen Unfallbericht ausfüllen, und ich werde auf dem Weg nach Hause in einer Notaufnahme vorbeischauen".

Der Manager der Halle entschuldigte sich bei Frau Schmerz und meinte, es sei schade, dass sie gehen müsse, während sie noch unbespielte Karten auf dem Tisch habe. Als versöhnliche Geste sagte er, dass er ihr, wenn sie trotz ihrer Verletzung bliebe, von der Kassiererin die dreifache Menge der normalen Bingo Karten geben lassen würde. Er gab Frau Schmerz einen zweiten Stempel, um das Markieren des großzügigen Stapels von Karten vor ihr zu erleichtern.

Der Manager ging dann ins Sicherheitsbüro und stellte die drei deckenmontierten Überwachungskameras in der Nähe ihres Platzes ein. Er sorgte dafür, dass sie den Rest des Abends direkt auf Frau Schmerz gerichtet waren. Die Rekorder erstellten eine dauerhafte Aufzeichnung, während ein Warnschild an der Eingangstür besagte: „Diese Räumlichkeiten stehen unter Videoüberwachung".

Frau Schmerz blieb tatsächlich bis zur Schließung. Ein Monitor fing sogar den Schweiß auf ihrer Stirn ein, als sie von Seite zu Seite hüpfte und beide Hände benutzte, um zu stempeln, stempeln, stempeln. Sie kreischte mehrmals „Bingo!". Die anderen an ihrem Tisch müssen gedacht haben, sie sei im Bingo-Himmel angekommen; woher hatte sie nur so viele Karten?

Wochenlang nach meiner ersten Untersuchung ging keiner meiner Anrufe bei Frau Schmerz durch, und es wurden

keine Arztrechnungen beim Bingo-Etablissement einge-
reicht. Es sah so aus, als würde sich dieser potenziell unheil-
volle Fall von selbst erledigen. Aber so einfach war es nicht.

In meinem Büro tauchte ein dreiseitiger Brief von einem
der Personenschadensanwälte Anchorages auf. („Personenschaden" ist eine häufige Fehlbezeichnung. Es sollte „Kör-
perverletzung" heißen, denn „Personenschaden" bezieht
sich auf Verleumdung oder üble Nachrede, aber diese Bezeichnung wird selten beachtet.) Der Anwalt behauptete,
dass Frau Schmerz an jenem schicksalhaften Abend eine
sofortige Behinderung erlitten habe und seitdem Tag und
Nacht leide. Der Schmerz sei so stark, dass sie sich kaum
duschen oder ihren rechten Arm über die Schulter bewegen
könne. Außerdem folgten bald per Post Arzt- und Chiro-
praktiker Rechnungen, die den Ernst ihrer Verletzung an
diesem tragischen Abend in der Bingo-Halle bestätigen
würden.

Im nächsten Absatz wurde der Ton des Anwalts pragma-
tisch. Obwohl die finale Rechnung von Frau Schmerz in
den sechsstelligen Bereich gehen könnte, sei sie eine friedliche Person, die keinen Ärger machen wolle.

Er schlug vor, anstatt die Klage bis zur gerichtlichen Kla-
gephase hinauszuzögern, die Frau Schmerz nach seiner
Aussage zweifellos gewinnen würde, eine Alternative in Betracht zu ziehen. Wenn die Versicherungsgesellschaft eine
angemessene Summe anbiete (er sagte nicht, was „angemessen" bedeutete), würde Frau Schmerz in seinem Büro
eine Verzichtserklärung auf alle Ansprüche unterschreiben,
und die Angelegenheit könnte schnell beigelegt werden. Er

bat mich, über seine Sekretärin einen Termin mit ihm zu vereinbaren, sodass man die Details in seinem Büro besprechen könne.

Bevor ich den Anwalt anrief, versicherte ich mich zunächst, ob die Videos von Frau Schmerz im Sicherheitsbüro der Bingo-Halle archiviert worden waren. Dann rief ich das Büro des Anwalts an und umging die Sekretärin. Ich informierte den Anwalt über die Existenz der Videobänder und bot an, Kopien in sein Büro zu bringen, damit wir sie gemeinsam überprüfen könnten. Ich würde sogar einen tragbaren Videospieler mitbringen, falls er keinen habe. Er antwortete, dass er sich mit seiner Sekretärin besprechen und mich über den Termin für meinen Besuch in seinem Büro informieren werde.

Weder die Sekretärin noch der Anwalt riefen zurück. Stattdessen erhielt ich ein paar Tage später per Post einen Brief mit vorgefertigtem Text: „Unsere Kanzlei vertritt Frau Schmerz nicht mehr". Ich schickte diesen Brief an die Versicherungsgesellschaft und schloss meine Akte.

Kapitel 12

Alles, was ich mir zu Weihnachten wünsche

Bis zu fünf Kreuzfahrtschiffe können während der Hochsaison in Ketchikan anlegen. Die Passagiere strömen dann auf die acht Innenstadtblöcke, die auf der Insel Revillagigedo zwischen Salzwasser und Bergen eingequetscht sind. Auf der anderen Seite des Fjords namens Tongass Narrows liegt der internationale Flughafen Ketchikan, der mit einer urigen kleinen Fähre erreichbar ist. Wasserflugzeuge landen unten in der Nähe des Fähranlegers. Alle Passagiere, die weiter als in die Stadt Ketchikan wollen, müssen nach der Ankunft die kleine Straße hinauf zum Terminal fahren oder laufen. Von da aus führen zwei aus dem Felsen gesprengte Rollbahnen in Serpentinen noch höher zur ebenfalls aus

dem Hang gesprengten Landebahn. All das bietet Piloten
und Passagieren die ungewöhnliche Erfahrung, das Gefühl
vom Auf- und Abfliegen wahrzunehmen, während die Räder noch am Boden bleiben. Für den Piloten vorne kann
das ein Nervenkitzel sein, wenn die Kurven im Winter ver-
eist sind.

Früher bezeichnete sich Ketchikan selbst als „Regenhaupt-
stadt der Welt", aber noch bevor der Hafen zum Ziel der
neuen Kreuzfahrtschiffe wurde, hat das Ketchikan Con-
vention and Visitors Bureau diese Bezeichnung gestrichen.
Heute ist der Ort für den Lachsfang, das Erbe der Lingit
und Haida (Indigene Völker vom Südosten Alaskas) und
seine einzigartige geographische Lage entlang der sagen-
haften Inside Passage bekannt.

Der Kongress der Vereinigten Staaten stimmte 1867 wider-
willig dem Vorschlag von Außenminister William Seward
zu, Alaska für 7,2 Millionen Dollar von Russland zu kaufen. Kritiker in Washington, DC, verhöhnten den Alaska-
Deal als „Sewards Torheit" und „Sewards Kühlschrank".

Doch Ketchikans Rolle als „die Erste Stadt" Alaskas, wie sie
heute stolz genannt wird, kam erst später. Sie wurde während des Klondike-Goldrauschs der Jahre 1890 bis 1900
gefestigt, der begann, nachdem dort 1896 riesige Mengen
des gelben Metalls gefunden wurden. Die Stimmen aus
Washington, DC, die Sewards Kauf verunglimpften, wurden plötzlich leiser. Kaum seetüchtige alte Schiffe wurden
in den Dienst gestellt, um Tausende von Prospektoren,
Schurken, Hooligans und Damen der Nacht von Seattle,
Portland und San Francisco nach oben zu bringen. Jedes

einzelne Boot musste in Ketchikan anhalten, um die US-Zollformalitäten zu erledigen.

Fünfzehn Minuten zu Fuß von den Kreuzfahrtschiff-Anlegestellen entfernt liegt Creek Street, die eigentlich gar keine Straße ist, sondern eine Reihe von Holzstegen über der Mündung des Ketchikan Creek. Unten tummeln sich laichende Lachse, die darauf warten, mit der nächsten Flut über die ersten Stromschnellen zu schwimmen und schließlich in den gleichen flachen Gewässern des Landesinneren Eier zu legen und zu sterben, in denen sie geboren wurden.

Obwohl es unglaublich ist, mitten in der Stadt einen Lachs-laichbach zu sehen, sind die Lachse nicht der ursprüngliche Grund, warum die Creek Street berühmt oder berüchtigt wurde, je nachdem, wen man fragt. Soldaten und Seeleute unterstützten die blühende Bordellindustrie dort. Heute sind diese Bordelle restauriert und bieten andere Waren an. Lokale Künstler, darunter einheimische Holzschnitzer, fertigen Alaskische Schätze an. Es gibt auch Touristenläden, die Salzwassertaffy, Pralinen und starken, lokal gerösteten Kaffee anbieten. Zu den beliebtesten Ketchikan-Java-Labels gehört ein Name, der je nachdem lustig oder pornografisch erscheint: „Three-Peckered-Billy-Goat Kaffee", zu Deutsch: „Ziegenbock mit drei Schwänzen".

Ungefähr als der Kalender das Jahr 2000 einläutete, befragte ich einen Mann in seinen Neunzigern, einen pensionierten Beamten des Alaska-Territoriums und des späteren Bundesstaates. Er war in einen kleineren Verkehrsunfall in Anchorage verwickelt gewesen, bei dem er nicht ernsthaft verletzt wurde. Nachdem meine Arbeit erledigt war, plauderten wir, und es stellte sich heraus, dass ich Ketchikan mochte und oft dort bei der Arbeit war. Daraufhin erzählte er mir diese Geschichte:

Mit gerade mal 17 Jahren bin ich mit der Armee nach Alaska verschifft worden. Das Leben für mich als junger Kerl war hart, und ich war so bald wie möglich aus meinem angeblichen Zuhause in Oswego, Oregon, abgehauen. Ich bezweifle, dass jemand mein Verschwinden überhaupt bemerkt hat. Ich habe bei der Musterung mein Alter gefälscht und mich verpflichtet.

In der Schule hatte ich an den wenigen Tagen, an denen ich nicht schwänzte, nicht aufgepasst, also hatte ich keine Ahnung, wo oder gar was Alaska überhaupt war. Der erste Hinweis kam, als die Armee mir Winterstiefel und einen Parka austeilte. Nach unzähligen Tagen auf hoher See, während denen ich ständig seekrank war, legten wir in Ketchikan an und hatten eine ganze Woche Landgang.

Ich war der jüngste Typ an Bord und kaum in der Lage, einen Kampf zu führen. Die anderen Jungs drängten mich, es einfach zu tun, und ich konnte nicht zugeben, dass ich Angst hatte. In der Creek Street verlor ich meine Jungfräulichkeit an eine Dame, die zu alt und faltig war, um sexy zu sein. Aber ihre Augen, trotz den tiefen Falten, funkelten vor Güte. Ihre raue Stimme von zu vielen Zigaretten sprach mit einer mütterlichen Sanftheit, die Balsam für den gequälten Teenager war; sie zog mich fest an ihre Brust und benutzte gleichzeitig ihre lackierten Fingernägel, um mein Hemd und dann meine Hose aufzuknöpfen. Ich stieg aus der Hose, und diese Fingernägel kratzten an meiner blütenweißen Haut, als sie meine Unterwäsche auf den Boden schob. Sie sagte, sie wolle mein Geld nicht – zum Glück, denn ich hatte keins.

Dieser Nachmittag in der Creek Street hat mich verändert. War diese Frau eine Heilige in Verkleidung? Vielleicht. Nach all den Jahren in Alaska würden die meisten sagen, dass ich ganz gut zurechtgekommen bin.

Zwei Kilometer nördlich der Creek Street, auf der anderen Seite der Innenstadt an der Front Street, Nummer 312, gab es noch eine Institution, die es wert ist, in Erinnerung zu bleiben. Das von einer falschen Front versteckte Gebäude war irgendwann vor der Zeit der offiziellen Aufzeichnungen entstanden und diente als die Fo'c'sle Bar (Fo'c'sle aus der Zeit der Segelschiffe ist die Bezeichnung für das Vorderdeck). Von der Öffnung irgendwann vor 1930 bis zur Schließung 2003 war sie eine traditionsreiche Kneipe für die Fischer- Holzfäller- und Arbeiterklasse Ketchikans. Mit dem Rückgang der Holzwirtschaft und dem Zuwachs der Kreuzfahrtschiffe verlor an vielen Orten Ketchikan die lokale Geschichte. Schließlich ist es profitabler, Diamanten und Jade an betuchte Touristen auf den Schiffen zu verkaufen, als Fässer mit Bier für schmuddelige Klienten der Bar anzuzapfen.

1998 flog ich für einen Dram-Shop-Haftpflichtanspruch (eine Dram-Shop-Klage) nach Ketchikan. Ein „Dram Shop" war vor 200 Jahren in England der traditionelle Name für eine Schankwirtschaft. Meine Aufgabe bestand normalerweise darin, die Geschichten hinter den Verwüstungen und Todesfällen durch Trunkenheit zu lüften. Ein „Dram" ist altbritisch für ein kleines Schnapsglas. Ein englischer „Dram Shop", im Gegensatz zu einem Pub, wurde eingerichtet, um Spirituosen im Glas zu verkaufen. Die alten britischen Wörter bleiben in der amerikanischen Jurisprudenz.

Bis vor kurzem lagen schwimmende Holzfällerlager in Buchten vor den Inseln westlich von Ketchikan vor Anker. Einmal im Monat erhielten die Holzfäller ein freies Wochenende und fuhren mit Alaska-Bötchen oder Wasserflugzeugen nach Ketchikan. Clever aber ethisch fragwürdig, ermutigte die Fo'c'sle Bar die Holzfäller, die Adresse der Bar, Front St. 312, Ketchikan, AK 99901, als ihre eigene Postanschrift zu verwenden. Unter dem neonleuchtenden Schild der bekanntesten Biermarke im Norden „Alaskan Amber" an der Südwand im Inneren befanden sich Briefkästen von A bis Z, mit Forderungen nach Kindergeldzahlungen und anderer Arbeiterkorrespondenz, aber auch Briefe von Eltern und zurückgebliebenen Freundinnen in den Lower 48.

An Freitagen, an denen Holzfäller erwartet wurden, ging der Manager der Fo'c'sle zur National Bank of Alaska, um genug Fünf-, Zehn-, Zwanzig- und Fünfzig-Dollar-Scheine zu holen, um die hart verdienten Lohnschecks einzulösen. Dies kam den Jungs gerade recht, die normalerweise nach dem Bankabschluss gegen Abend eintrafen. Im Handumdrehen hatten sie, nachdem sie ihre Lohnschecks an die Fo'c'sle abgetreten hatten, die Brieftaschen voller Bargeld.

Die Fo'c'sle verkaufte Hamburger und Pommes, die mit Bier runtergespült werden konnten. In den Holzfällerlagern gab es keinen Alkohol, und bald summte es in den Köpfen dieser jungen, zähen Männer. Was als nächstes? Darts? Billard? Mehr Bier? Einer schreit: „Ich spendiere Bier und Schnaps für alle! Die erste Runde geht auf mich! Die nächste auf dich, und auf dich, und dann auf dich!" Um 3 Uhr morgens, als die Bar schloss, war die Menge an Bargeld, die durch ihre Brieftaschen und zurück in die Kasse der Fo'c'sle gegangen war, nun ja, atemberaubend.

Die Fo'c'sle hatte drei Billardtische. Ein 26-jähriger Mann aus einem Lager auf Prince of Wales Island—ich nenne ihn Bruce—hatte den 25-minütigen Wasserflugzeug-Trip zum Ketchikan Dock gemacht. Wie er gestand, als ich ihn am folgenden Dienstag traf, hatte ihn das ganze Alaskan Amber glauben lassen, er sei ein Billardhai. Bis Mitternacht, so erzählte mir Bruce, hatte er den Überblick verloren, wer gespielt und wer gewonnen hatte. Kein Problem. Noch ein Bier und ein weiterer Schluck Whisky sollten es richten.

Er lehnte sich gegen die Bar und sabberte seine Bestellung dem Barkeeper entgegen. Dann, mit einem frischen Bier und einem Gläschen Whiskey in der Hand, drehte er sich zu einem Billardtisch um. Doch seine Beine hatten bereits

Feierabend gemacht. Bruce stürzte kopfüber auf die Mahagonikante des ersten Tisches. Seine Zähne krachten hart auf die Bande, und er knallte auf den Fichtenholzboden, wobei Bier sein Hemd durchnässte. Er rollte unter den Billardtisch, aber in der Dunkelheit und dem Lärm der Jukebox bemerkte keiner der anderen Betrunkenen etwas. Mit blutender Oberlippe kotzte er einen Teil des nächtlichen Alkohols zusammen mit seinen beiden oberen Schneidezähnen auf die Fichtenbretter. Schließlich stand Bruce auf und machte sich auf den Weg zur Toilette, wo er Klopapier in die Löcher stopfte, wo einst seine Zähne gewesen waren. Bevor er schwankend hinausging, notierte der Barkeeper seinen Namen und füllte einen Unfallbericht aus, den der Besitzer am nächsten Morgen als erstes sehen würde. Bruce musste noch den Weg zurück zu dem abgenutzten Bett in dem Zimmer schaffen, das er gemietet hatte, ein fünfminütiger Weg unter normalen Umständen, unterbrochen von Stolperern und Stößen an Türrahmen entlang der menschenleeren Front Street.

Der Samstag war für Bruce hart, aber am Sonntag fühlte er sich, als könnte er es vielleicht wagen, Spiegeleier zu essen, wenn er nur einen Weg fände, sie an seinem schmerzenden Kiefer vorbei in seinen noch immer wütenden Bauch zu schieben.

Am Samstagmorgen meldete der Fo'c'sle-Manager den Vorfall über die Notfallhotline ihres Versicherungsvertreters in Ketchikan. Am Montag in Anchorage bekam ich den Auftrag und machte Pläne, am Dienstagmorgen nach Ketchikan zu fliegen. Die Fo'c'sle hatte, wie andere Bars auch, eine begrenzte Krankenversicherung ohne Verschulden für jeden, der auf dem Gelände verletzt wurde. Dennoch befürchtete die Versicherungsgesellschaft, dass Bruce mit einem der vielen gierigen Anwälte in Kontakt kommen und eine klassische Dram-Shop-Klage (eine Alkoholhaftpflichtklage) anstrengen könnte, in der er die Bar verklagte, weil sie wissentlich einem betrunkenen Kunden Alkohol ausgeschenkt hatte, etwas, das zwar hochgradig illegal, aber gang und gäbe war. Ich hatte bereits gesehen, wie eine gut-geführte Dram-Shop-Klage einem Anwalt und seiner Freundin ein paar Monate Urlaub in Puerto Vallarta Mexiko finanzieren konnte.

Doch die Bar und ihr Versicherer hatten Glück. Bruce war so gedemütigt, dass er kein Geld wollte; er wünschte sich nur, er hätte die Zeit zurückdrehen und das Wochenende im Camp verbringen können. Aber er musste immer noch etwas mit seinen zwei fehlenden Schneidezähnen tun. Schmetterlingsförmige Pflaster aus der Drogerie hatten seine Lippe zwar gut genug zusammenwachsen lassen, aber eigentlich hätte sie im Krankenhaus genäht werden müssen. Bruces größte Sorge war jedoch, wie er jemals eine Freundin bekommen sollte; er würde nie wieder ein Mädchen anlächeln können, klagte er.

Mit einem Schuss Glück fand ich eine Zahnarztpraxis, die auch Kieferorthopädie anbot, nur ein paar Blocks von der Fo'c'sle entfernt. Er ging hin und erhielt einen verbindlichen Kostenvoranschlag für die Kieferorthopädie, inklusive einiger anderer Füllungen. Die Versicherungsgesellschaft wollte von mir eine notariell beglaubigte Verzichtserklärung auf alle Ansprüche für den endgültigen Betrag, den sie für Bruce zahlen würden. Die Zahnarztpraxis stimmte einem kleinen Zusatzbetrag zu, um den Preis für ihre Leistungen im Voraus garantieren zu können. Bruce war von dieser Vereinbarung begeistert, auch wenn sie mehrere Hin- und Rückfahrten zwischen dem Holzfällerlager und Ketchikan bedeuten würde, wo er sich hoffentlich von der Fo'c'sle fernhalten würde.

Als der Scheck in der Woche vor Weihnachten in meinem Büro ankam, hatte ich noch andere Arbeit in Ketchikan. So traf ich mich an Heiligabend mit Bruce. Er schenkte mir ein zahnloses Lächeln, und wir fuhren gemeinsam zur National Bank of Alaska, um den Scheck zu unterschreiben, der ihm helfen würde, wieder auf die Beine zu kommen.

Die Band „Spike Jones and His City Slickers" brachte 1948 zuerst das Kinderlied zu den Festtagen „All I Want For Christmas Is My Two Front Teeth" (Alles, was ich mir zu Weihnachten wünsche, sind meine beiden Schneiderzähne) heraus, und später machten „Alvin und die Chipmunks" das Lied auch im Fernsehen populär. Ich fragte Bruce, ob er das Lied kenne. Er antwortete mit Ja und erzählte mir, dass in seiner Kindheit die Eltern die Schallplatte „Christmas With the Chipmunks" besaßen, die dieses Lied bekannt machte. Die poetische Ironie dieses Moments ging Bruce an jenem Heiligabend keineswegs verloren.

Kapitel 13

Verbrüht

Ich nenne sie Val, normalerweise kurz für Valerie, aber in diesem Fall kurz für Valiant, was „Tapfer" bedeutet. Val wurde mit einer Querschnittslähmung geboren, in eine liebevolle Familie im Bundesstaat North Carolina an der Ostküste. Das Mädchen träumte von der Wildnis und den Flüssen und Bergen Alaskas, die sie in Büchern und im Fernsehen sah. Val wusste, dass sie ihr Leben im Rollstuhl leben muss, aber sie war dabei fest entschlossen, dass ihre Mobilität sie nicht von ihren Träumen abhalten sollte. Sie wurde zur perfekten Schülerin und später zur besten Studentin.

Unterhalb des Cauda Equina am unteren Ende ihrer Wirbelsäule spürte sie in ihren ausgezehrten Beinen nichts mehr. Extreme Vorsicht war bei Flammen, Rasierklingen, Messern und sogar Nadeln geboten. Wenn sie sich beispielsweise im Bad beim Rasieren die Beine schnitt, merkte sie es erst, als sie das Blut auf den Fliesen sah.

Mit Auszeichnung schloss sie die Stanford University ab und folgte dann dem Ruf des Nordens. Mit ihren Bildungsnachweisen war Val ein Selbstläufer für eine leitende Position beim „Alaska Department of Health and Social Services (DHSS)", die alaskischen Sozialämter. Ihr beruflicher Fokus lag auf der Hilfe für körperlich Behinderte. Ihre Arbeit erforderte Reisen in alaskische Städte von Ketchikan im Südosten des Landes bis Utqiaġvik am Arktischen Ozean, eine Entfernung von 2.140 Kilometer Luftlinie.

Erst 1990 erschien in den USA ein Hauch der Regelungen, die Behinderte im Öffentlichen Verkehr halfen, aber selbst dieses Gesetz würde Jahre brauchen, um Val das Ein- und Aussteigen aus Flugzeugen zu erleichtern. Wenn Val zum Beispiel den Flug nach Kotzebue nahm, klappte ein Rampenarbeiter ihren Rollstuhl zusammen und brachte ihn in den Gepäckraum, während ein anderer sie selbst dann über das Rollfeld und die Treppen hinauftrug, oft auf seinem Rücken. Dies war die Art von Demütigung, die sie jeden Tag hinnahm, ohne zu klagen.

In Anchorage nutzte Val die Stadtbusse. Im Sommer ermöglichte die ausklappbare Rollstuhlrampe den Einstieg, aber bei tiefem Schnee und Eis wurde die Aufgabe fast unbezwingbar. Ein kommunaler Kleinbusdienst half viel, und auch Kollegen von der Arbeit halfen ihr mit Fahrdiensten.

Dann stellte sich heraus, dass Vals Rückenschmerzen, die sie erst nur auf das zu viele Sitzen zurückführte, auf Leberkrebs beruhten. Es ist unmöglich, in wenigen Sätzen das Ausmaß ihres Leidens und der Behandlungen in den nächsten zwei Jahren zusammenzufassen. Die Verwaltung der DHSS gewährte Val eine verlängerte medizinische Beurlaubung für Krebsbehandlungen „Outside". Das bedeutet nicht draußen im Garten, sondern in den anderen 48 Bundesstaaten im Süden. Ihre medizinische Versorgung erfolgte in Seattle (3-½ Stunden im Flugzeug) und San Francisco (6-½ Stunden, zwei Flüge).

Ähnlich wie in ihrer Schul- und Collegezeit gelang es Val, die übermächtig gegen sie gestapelten Widrigkeiten zu überwinden. Sie kehrte als dieselbe unabhängige Vollzeit-DHSS-Supervisorin nach Anchorage zurück. Mit Übung lernte sie, auf vereisten Bürgersteigen zu navigieren und selbstständig in ihre Wohnung hinein- und hinauszufahren. Ihre Wohnung hatte aus einem Fenster einen schönen Blick auf den Cook Inlet, während im Winter die Eisläufer der Westchester Lagune vom anderen Fenster aus zu sehen waren, wo die Bürger Anchorage Schlittschuh liefen. Menschen, die Val kannten, beschrieben sie mit Adjektiven wie „unbeugsam" und „unverwüstlich". Nach ihren Behandlungen Outside kehrte ihr Leben zu einer relativen Normalität zurück und blieb für weitere acht Jahre so.

155

Dann kehrte der Krebs zurück. Val ging zur Behandlung wieder nach Seattle, aber diesmal verschafften ihr die Übelkeit erregenden und kräftezehrenden Behandlungen keine Heilung. Während sie sich einigermaßen gut fühlte, erklärten die Ärzte, dass ihre Bemühungen ihr nur etwas zusätzlichen Trost in der begrenzten Zeit verschafften, die ihr noch blieb. Zwar hatte niemand eine Kristallkugel, aber die Ärzte sagten ihr, dass sie nur noch etwa anderthalb Jahre zu leben habe.

Elbert Hubbard schrieb: „Wenn das Leben dir Zitronen gibt, mach Limonade daraus". Val fragte ihre Mutter, ob sie von North Carolina nach Alaska ziehen würde, um ihr zu helfen, nicht um sich auf den Tod vorzubereiten, sondern um ihre letzten Monate so voll wie möglich zu leben. Nachdem ihre Mom angekommen war, kamen die beiden auf eine Idee. Im nächsten Sommer würden sie ein Familientreffen mit etwa 15 Personen auf einem Fluss in den Carolinas organisieren. Dies sollte kein Kartoffelsalat- und Hot-Dog-Picknick werden, sondern eine dreitägige Rafting-Tour mit einem Ausrüster. Eines der Rafts würde mit einem speziellen Sitz für Val ausgestattet sein. Er wäre erhöht, und sie stellte sich vor, dass es ein bisschen so aussehen würde, als hielte sie Hof über ihre Untertanen, alles Verwandte und Freunde.

Obwohl Anchorage im frühen Frühling dieses Jahres noch in Schnee und Eis gehüllt war, liefen die Planungen für das Sommertreffen auf Hochtouren. Val war nach der wohl größten Abschiedsparty in der Geschichte ihres Büros vorzeitig in den Ruhestand gegangen.

Leider sollte Val noch eine weitere Tragödie erleiden – so erfuhr ich von ihrer Geschichte. Im Komplex, wo Val wohnte, gab es drei Gebäuden von je drei Stockwerken von Wohnungen, wofür ein einziger Hausmeister zuständig war. Es gab irgendein großes Problem, und der Mann wurde entlassen. Im Zorn beschloss der Hausmeister sich an der Hausverwaltung zu rächen. Gasbetriebene Warmwasserbereiter können explodieren, wenn die Sicherheitseinrichtungen deaktiviert und die Temperatur über die rote Höchstgrenze eingestellt wird. Genau das tat er mit den Geräten in allen drei Kellern. Außerdem deaktivierte er die Rückflussverhinderer, sodass heißes Wasser aus allen Wasserhähnen in alle drei Gebäude floss.

Glücklicherweise funktionierten die Sicherheitsventile der Warmwasserbereiter, sodass es keine Explosionen gab, aber kochendes Wasser wurde durch jeden Wasserhahn im Komplex geleitet. Wie sich später herausstellte, hatte der Saboteur seine Arbeitsschlüssel weggeworfen und Anchorage verlassen; die Polizei vermutete, dass er wahrscheinlich in einen Bundesstaat im Süden der USA geflogen war.

Für ihr morgendliches Bad half Mom Val wie üblich auf den Duschstuhl in der Badewanne und zog dann den Vorhang zu und ließ Val ihre morgendliche Spa-Routine genießen. Sie erwartete, dass Val wie normal sie rufen würde, wenn sie fertig wäre. Val hatte den Wasserhahn doch auf mittel gestellt und den Telefon-Duschkopf auf ihren Oberkörper gezogen, aber das Wasser war kochend heiß, sodass sie schrie und den Duschkopf auf den Boden der Wanne fallen ließ. Der Wasserstrahl blieb an; beide Füße von Val waren verbrannt, aber sie fühlte nichts. Ihre Mutter hörte den ersten Schrei und kam schnell. Sie schaltete das Wasser aus und half Val aus der Wanne. Egal in welche Richtung sie den Drehknopf drehte, es kam nur noch kochend heißes Wasser in die Badewanne. Als die Mutter die Hausverwaltung anrief, um das Problem zu melden, erfuhr sie, dass andere dies bereits ebenfalls getan hatten.

Für Val schien zunächst nichts Ungewöhnliches vorzuliegen, doch schon bald zurück im Bett färbten sich ihre Füße kirschrot. In den nächsten Stunden begann die Haut große Blasen zu zeigen. Nach einem Notruf brachten EMT-Sanitäter Val in die Notaufnahme der Verbrennungsabteilung des größten Krankenhauses in Anchorage, wo sie schließlich mehrere Wochen verbrachte. Dann mietete Mom ein Krankenhausbett, damit Val nach Hause kommen konnte, wo sie die ganze Zeit flach lag, während die Füße an Rollen hängen mussten. Eine Krankenschwester besuchte sie täglich und wechselte ihre Verbände nach Bedarf.

Val lag flach auf dem Rücken, ihre Mutter saß besorgt neben ihr, während ich die Vernehmung über dieses tragische Ereignis führte. Im Auftrag der Versicherung des Wohnkomplexes führte ich dieses Gespräch, das alles andere als eine Routinebefragung war. Val begann ihre Geschichte mit ihrer Kindheit als Querschnittsgelähmte. Schritt für Schritt ging sie durch jede Phase ihres Lebens, bis zum Schluss, einschließlich der unerwarteten Absage des großen Rafting-Abenteuers im kommenden Sommer.

Durch meine eigenen Tränen hindurch höre ich sie noch sagen: „Mit der Querschnittslähmung war ich okay, okay in der Highschool, okay in Stanford, okay mit dem Krebs, okay nochmal mit dem Krebs, okay mit dem Gedanken an den Tod, aber ich habe es einfach nicht mehr in mir, noch einmal okay zu sein".

Die Ermittlungen zum Unfall gestalteten sich einfach. Es würde sich um einen Haftpflichtanspruch für Körperverletzungen gegen die Versicherung des Eigentümers der Wohnung handeln. Auch die Hausverwaltung drückte ihre tiefe Trauer über das Geschehene aus. Die Kriminalpolizei von Anchorage war eingeschaltet, und zuletzt hörte ich, dass ein Haftbefehl gegen den flüchtigen ehemaligen Hausmeister vorlag.

Die ersten paar Monate machten sich die Verbrennungsspezialisten Sorgen wegen einer möglichen Infektion, aber tägliche Behandlungen und Antibiotika zeigten Wirkung. Val benötigte schließlich eine spezielle Trage, um für die Nachuntersuchungen ins Krankenhaus transportiert zu werden.

Wieder einmal bewies Val, die Tapfere, allen Skeptikern das Gegenteil. Sie erholte sich erstaunlich gut von ihren Verbrennungen, und bis Oktober konnte man kaum noch erkennen, dass ihre Füße so stark verbrannt waren. Ihre Mom blieb bei Val, während der tiefe Schnee Anchorage wieder in Weiß hüllte.

Wie erwartet verstarb Val im selben Winter.

Pazifisches Trillium (trillium ovatum). Frühlingsblume der Hoffnung oder der Trauer. Man findet die große Blume in den nassen Wäldern des Pazifischen Nordwestens und Südost-Alaskas.

Kapitel 14

Oben ohne

Ich war der einzige Sachbearbeiter bei Wilton Adjustment Service, der sich mit Dram-Shop-Haftpflichtansprüchen befasste. Nicht, dass meine Kollegen die Arbeit nicht hätten machen können, aber ihre Frauen wollten einfach nicht, dass ihre Männer einen Fuß in Striptease-Bars setzten. Obwohl ich jene Ehefrauen im Allgemeinen für ausgeglichene Persönlichkeiten hielt, fand ich ihre Unsicherheit verblüffend. Ich hingegen profitierte davon. Alle ernsten Dram-Shop-Klagen landeten auf meinem Schreibtisch, und in Dudley-Do-Right-Unschuld genoss ich die Arbeit gründlich.

Ich erinnere mich an einen tödlichen Unfall auf der Straße vor einer inzwischen geschlossenen Bar namens „Borealis Beach Club" an der Parks Highway außerhalb von Wasilla, 80 Minuten nördlich von Anchorage. Ich hatte dort eine Vernehmung mit einer Tänzerin Anfang zwanzig während ihrer Schicht von 19 Uhr bis zur Schließung vereinbart. Für das Treffen stieg sie von der Bühne hinunter, und wir gingen in eine Kabine im hinteren Teil des Clubs, wo ich einige Dokumente und mein Aufnahmegerät vorbereitet hatte.

Die Tragödie hatte sich zwei Nächte zuvor ereignet. Der ältere Bruder der Tänzerin war in den Club gekommen, um einfach bei seiner kleinen Schwester zu sein. Dieser junge Mann war deprimiert wegen seiner Freundin, und seine Depression wurde möglicherweise durch Drogen verstärkt. Er blieb immer länger, sprach mit niemandem, und war, nachdem was seine Schwester sagte, nie offensichtlich betrunken, sondern nuckelte nur an einem Bier nach dem anderen. Hier trat das Potenzial einer Dram-Shop-Klage gegen den Borealis Beach Club ein. Ein Anwalt könnte wohl behaupten, dass der Barkeeper seinen Zustand hätte wahrnehmen und ihm keine weiteren alkoholischen Getränke hätte ausschenken sollen.

Die kleine Schwester war auf der Bühne, als sie sah, wie ihr großer Bruder plötzlich aus der Tür des Clubs stürmte. Das einzig mögliche Ziel schien der 24-Stunden Tankstellenshop auf der anderen Seite der Schnellstraße, der Parks Highway, zu sein. Vielleicht wollte er sich dort etwas zu essen kaufen, oder vielleicht hatte er einfach keine Lust mehr aufs Leben. Ein paar Minuten später wurde ein Tumult draußen hörbar, nach zehn Minuten das Heulen von Polizei- und Feuerwehrsirenen. Ihr Bruder war von einem in Richtung Süden fahrenden Auto angefahren worden und sofort gestorben.

Was einen Alkohol-Haftpflichtanspruch betraf, so zeigte später der Toxikologie-Test der Leiche, dass er tatsächlich berauscht war. Aber aufgrund der Ehrlichkeit seiner Schwester über seinen kontrollierten Konsum während der Nacht und über seinen Geisteszustand zum Zeitpunkt des Todes schien es unwahrscheinlich, dass ein Dram-Shop-Anspruch entstehen würde. Das tat es auch nie. Der einzige physische Schaden bei dem Unfall war eine körperförmige Vertiefung auf dem Kühlergrill, der Motorhaube und der gebrochenen Windschutzscheibe des Autos, welches ihn erfasste. Diese Art von Schaden würde von der Versicherung des Fahrers im Rahmen der „Kaskoversicherung" übernommen werden. Aber es würde niemals eine Entschädigung für den Fahrer für den alptraumhaften Schock geben, einen jungen Mann auf seiner Windschutzscheibe sterben zu sehen.

Als die junge Tänzerin von der Bühne kam, um befragt zu werden, hielt sie es nicht für nötig, ihr Outfit zu wechseln. Das Oberteil ihres Kostüms war so gestaltet, dass es mit einer einzigen Bewegung ausgezogen werden konnte und weniger Stoff hatte als das Taschentuch in der hinteren Tasche meiner Levi's. Immer wenn sie seufzte, sprang entweder die linke oder die rechte Brust heraus. Beim Zappeln, um die eine Seite zu bedecken, sorgte sie unweigerlich dafür, dass sich die andere Brust herausarbeitete. Ich tat so,

als würde ich es nicht bemerken. Ich fühlte mich macht-
los, wusste kein Wort des Trostes zu sagen. Vermutlich war
es für sie therapeutisch, mir ihre Geschichte zu erzählen.
Sie drückte auch ihre Trauer über das emotionale Leid des
Fahrers aus, der ihren Bruder angefahren und getötet hatte.

Nachdem ich den Stoppknopf meines Rekorders gedrückt
hatte, bedankte ich mich bei ihr und wünschte ihr unter
diesen schrecklichen Umständen alles Gute. Es war schwer
vorstellbar, dass sie sich an diesem Abend wieder von alten
Männern Dollarnoten in den Bikini stecken lassen würde. Aber ihr Job war unbarmherzig. Es gab keine bezahlte
Freistellung. Wenn man nicht arbeitete, zahlte man keine
Miete.

Um Ermittlungen in Bars durchzuführen, passte ich meinen Arbeitsplan an die nächtlichen Routinen an. Beim Betreten des Lokals bemerkten die Tänzerinnen und Bedie-
nungen meinen Aktenkoffer kaum. Sie lächelten, führten
mich zu einem Platz und beugten sich dabei absichtlich
über mich, sodass es schwer war, nicht zu starren. Manchmal dauerte es eine Weile, bis der Manager aus seinem Büro
kam, um mich zu treffen. Ich verbrachte die Zeit einfach
unter den anderen Zuschauern. Obwohl ich ihnen sagte,
dass ich nicht zum Bestellen da war, blieben die Mädchen
hartnäckig. Sie täuschten sexuelle Anziehungskraft vor —
denn das war ihr Job.

Nur einmal gelang es einer Tänzerin, mir einen „Lapdance

ohne Berührung" zu verpassen. Sie war in ihren Dreißigern und aus der Nähe sah ich ihre Dehnungsstreifen. Wie andere Mütter auf der ganzen Welt versuchte sie, ihren Lebensunterhalt zu verdienen. Doch dank ihres Glücks in der Gen-Pool-Lotterie hatte sie eine Möglichkeit, mehr Geld zu verdienen, als wenn sie Bürofußböden gewischt hätte. Für mich war dieser Lapdance kolossal peinlich, und ich zählte die Sekunden, bis er vorbei war. Ich gab ihr Trinkgeld in die Hand, und sie ging zu einem anderen Typen am nächsten Tisch weiter.

Einer der beliebtesten topless Clubs in Anchorage ist immer noch „The Crazy Horse", geführt von zwei adretten und sympathischen Damen. Würde man sie bei einem Wohltätigkeitsessen treffen, würde man nie vermuten, dass sie einen Gentlemans Club betreiben. Diese beiden Frauen waren bewundernswert fürsorglich gegenüber „ihren Mädchen". Sie stellten starke junge Männer als Türsteher ein, nicht nur, um den Eingang zu bewachen, sondern auch, um sicherzustellen, dass kein Kunde die Tänzerinnen oder Bedienerinnen berührte, außer wenn sie nach vorne kamen, um Dollarscheine in ihre String-Tangas zu stecken.

Die Regel der Besitzerinnen lautete: „Arbeitet nicht kopfüber am Poledance und ölt eure Haut auf keinen Fall vor der Benutzung der Stange ein!" Haben die Mädchen auf diese Damen gehört? Nein, sie wussten, dass die Typen im Publikum johlten und brüllten, wenn sie wilde akrobatische Bewegungen machten.

Ich war da, um den Fall einer dieser Tänzerinnen zu untersuchen. Sie war bis zum Glänzen eingeölt und führte zuerst

165

einige gymnastischen Tanzbewegungen auf der Bühne zu pulsierender Musik aus. Dann rannte sie los und sprang zur Stange, eine Bewegung, die mit einem kopfüber Wirbel enden sollte, wobei ihre Beine ein V in der Luft bildeten. Stattdessen schaffte sie es nur durch die erste Hälfte des Manövers, um dann den Halt zu verlieren und mit dem Kopf voran hinunter auf einem Tisch in der ersten Reihe zu landen. Es war unklar, ob der Typ, der dort saß, geplant hatte, sein Geld in ihren Bikini zu stecken, aber trotz der Unannehmlichkeit des in seinen Schoß geflossenen Biers bekam er wohl mehr Haut-zu-Haut-Kontakt mit einer Tänzerin, als er sich für diese Nacht erhofft hatte. Dies wurde zu einer Versicherungsuntersuchung, weil der Versicherungsträger der Arbeiterunfallversicherung die Geschichte im Schadensbericht bezweifelte. Wie konnte eine junge Frau nach einem Tanz in einem Oben-Ohne-Club Behandlungen von Ärzten und Chiropraktikern benötigen? Sie vermuteten, dass sie vielleicht in Wirklichkeit in einen Autounfall geraten oder sogar von ihrem Freund geschlagen worden war – wie es bei Tänzerinnen leider allzu oft passiert. Also wurde ich geschickt, um die Beteiligten zu befragen.

Als ich am nächsten Morgen ins Büro zurückkam, waren die Damen vom Sekretariat ganz aufgeregt. „Oh, Kristian, war diese Untersuchung gestern Abend ablenkend? Hattest du Schwierigkeiten, dich auf deine Arbeit zu konzentrieren?" Ich antwortete: „Ihr habt keine Ahnung!" Da der Fall so heikel war, begleitete mich ein Türsteher zu allen drei Befragungen an diesem Abend. Dann wurde es Zeit, in das kleine Sicherheitsbüro an der Seite des großen Saales zu gehen und ihn selbst zu interviewen, über das was er an jenem Abend gesehen hatte. Ich erinnere mich an ein Poster an der Tür des Büros, das für „Honey Melons" warb, eine Tänzerin, die nächste Woche aus den Lower 48 kam. Auf dem Foto konnte ich mir kaum vorstellen, wie viel Silikon in ihrem Körper war. Der Türsteher war ein 26-jähriger Typ mit blauen Augen, gekrönt von einem Wisch lockiger blonder Haare. Er war ein 1,90 Meter großes Bündel aus Brustmuskeln, Bizeps, Trizeps und Quadrizeps, verpackt in einem Lycra-T-Shirt, und das Lächeln wich nie von seinen Lippen.

Ich startete meinen Rekorder, um seine Zeugenaussage aufzunehmen, und begann mit den üblichen Angaben zur Person und dem Hinweis, dass das Gespräch aufgezeichnet wird. Dann sah ich in seine Augen und ich weiß nicht genau, was passierte. Der Rekorder lief, aber ich hatte kein Wort verstanden. Ich hatte zu diesem Zeitpunkt keine Ahnung, wie ich weitere Fragen stellen sollte, denn mein Verstand war in seinem Lächeln verloren. Ich schlängelte mich aus dem Problem heraus, indem ich sagte: „Ihre Aussage ist so wichtig, dass ich möchte, dass Sie sie noch einmal durchgehen. Bitte fangen Sie von vorne an, und ich werde detaillierte Notizen machen". Neuneinhalb Minute lang gelang es mir, meine Augen auf meinen Notizblock zu heften.

Die Mädels im Büro wussten noch nicht von mir, was der Türsteher, da bin ich sicher, innerhalb von ein paar Minuten verstand. Man sagt, dass Homosexuelle einen „Gaydar" besitzen, und ich vermute, dass dieser perfekt trainierte junge Mann ein inneres Gaydar-Gerät besaß, das während des Interviews ziemlich laut piepte.

Nachdem meine Arbeit erledigt war, ging ich nach Hause. Am nächsten Tag bereitete ich meinen Bericht vor, um der Firma zu erklären, dass alles an dem Schadensbericht legitim war. Ihre Ansprüche auf chiropraktische Behandlung und Physiotherapie wurden durch die Arbeiterunfallversicherung von „The Crazy Horse" abgedeckt. Ich fragte mich, ob die Tänzerin nach der Behandlung in guter Verfassung sein würde, um wieder im Club zu arbeiten. Zweifellos würde sie es tun, wenn sie könnte. Wo sonst könnte eine junge Frau ohne Ausbildung anständig leben, ganz zu schweigen von den Blicken geiler Männer, die ihr gerne ihre Telefonnummern für „zusätzliche Arbeit" nebenbei gaben?

Kapitel 15

Wie heißt deine Mutter?

Es war Februar. Meine große Laptoptasche hielt ich in der behandschuhten linken Hand, während die andere mir Halt gab, als ich die Cessna Caravan über ein paar Stufen verließ. Ich war von Bethel über Hooper Bay nach Chevak geflogen. Als ich meinen ersten Atemzug nahm, hustete ich auf; ich wusste aus Erfahrung, dass diese Reaktion auf den ersten Atemzug bedeutete, dass die Lufttemperatur mindestens -30° Celsius betrug. Wenn ich in den nächsten Augenblicken spürte, wie die Haare in meiner Nase einfroren und sich schmerzlich zusammenzogen, bedeutete das, dass die Luft, die ich atmete, bei mindestens -35° lag. Kleine Flugzeuge können bei Temperaturen von bis zu -51°

Celsius betrieben werden, vorausgesetzt, dass das Flugzeug seine Motoren in einem warmen Hangar oder mit Decken über der Motorhaube und einem wärmenden Feuer darunter startet.

Mein Husten und meine Nasenhaare waren nicht im Geringsten wissenschaftlich, aber sie funktionierten für mich. Übrigens, für diejenigen, die in Celsius denken, denken Sie daran, dass sich die beiden Temperaturskalen der Welt bei -40° vereinen. Ob Sie nun Celsius in Norwegen oder Fahrenheit in Alaska verwenden, ein Tag mit vierzig Grad unter null ist in der Tat kalt. Darunter ist es einfach besser, drinnen zu bleiben und sich von zugigen Fenstern und Türen fernzuhalten. Auf meinen Reisen hatte ich festgestellt, dass wenn es -40° bis -55° Celsius war, selbst wenn ich meinen ultra-isolierten Parka trug, die Kälte die Nähte finden und so tief eindringen kann, dass ich ein Stechen entlang der Rückseite meiner Arme spüren konnte, wo die Kälte sowohl durch den Parka als auch durch mein Pendleton-Wollhemd drang.

Basierend auf meinen verschiedenen Messstrategien schätzte ich, dass es an diesem Tag in Chevak -33° Celsius waren. Nachdem ich aus dem Flugzeug gestiegen war, ging ich über das Eis und hinein in dieses vergleichsweise große (etwa 900 Einwohner) Cup'ik-Eskimo-Dorf. Ich war gekommen, um einen Unfall in der Schule zu untersuchen, der sich im vergangenen September ereignete, als noch flüssiges Wasser im Freien zu finden war.

Die Schule war in Betrieb, also ging ich ins Büro und meldete mich für ein „Besucheressen" in der Cafeteria an. Die

170

Chevak-Schule ist das Hauptgebäude im Kashunamiut-
Schulbezirk und hat 350 Schüler. Ich fand es cool, dass
meine Essenskarte es mir ermöglichte, mit den Schülern
vom Kindergarten bis zur sechsten Klasse zu essen. Das
Essen war eine Multibohnensuppe mit Schiffszwieback
und einem Dosenobstcocktail. Es gibt keine Restaurants
in Chevak - ich kenne kein Dorf Alaskas abseits des Stra-
ßensystems, mit Ausnahme von Aniak, das eines hat. Die
beiden Alternativen, um das Glück zu haben, ein Besucheressen in der Schule zu umgehen, sind: 1) Beef Jerky,
Pop Tarts und Pepsi im Dorfladen kaufen, oder 2) im
Voraus anrufen und Leute finden, die bereit sind, einen
aufzunehmen und zu verpflegen. Wenn Sie einheimisch
essen, könnte das Mittagessen einen Robbenbraten, einen
Karibu-Braten oder Lachs beinhalten.

Wegen der Landebahnbeleuchtung kann man im Winter
Chevak, ein größeres Dorf, als Tagesausflug besuchen.
Mein Plan war es, rechtzeitig für den Abendjet der Alaska
Airlines nach Anchorage zurück in Bethel zu sein. Sollte
die Untersuchung jedoch länger dauern, wäre das kein
Problem. Ich könnte entweder auf den Turnmatten in der
Schulturnhalle übernachten oder, wenn ich Glück hätte,
eine der Wohnungen für VIPs des Kashunamiut Schul-
bezirks nutzen, beispielsweise für Gesundheitsbeamte oder
Sonderschullehrer.

Meine Untersuchung ging schnell voran. Ein paar Zweit-
klässler waren in einen Unfall verwickelt, der für Kinder
fast schon unvermeidlich war. Ein halbes Dutzend riesiger Diesel-Tanks, die die Tankanlage der Schule bildeten,

waren aus Sicherheits- und Umweltgründen modernisiert worden. Statt wie jahrelang zuvor offen vor dem Schulgebäude zu stehen, wurden sie durch eine Ummantelung „sicherer" gemacht worden. Zunächst wurde um die gesamte Tankanlage ein Graben ausgehoben und mit einer schweren Plastikfolie ausgekleidet – ein Graben, um verschüttetes Öl aufzufangen. Kein Öl lief aus, aber er füllte sich schnell mit Regenwasser und wurde zu einem Ort für Kinder, um ihre Spielzeugboote im Kreis um die Tanks zu steuern. Schließlich wurde um den Graben herum ein drei Meter hoher Maschendrahtzaun errichtet, um zu verhindern, dass Kinder versehentlich ertrinken.

Jeder, der Kinder kennt, kann sich vorstellen, was als Nächstes geschah. Die Cup'ik-Kinder nutzten ihre Kletterkünste, um den Zaun zu erklimmen und auf der anderen Seite in den Bereich neben dem Graben hinabzusteigen, um ihre geschnitzten Spielzeugboote weiter segeln zu lassen. Der Heimweg nach der Spielzeit war eine Wiederholung: Hochklettern und auf der anderen Seite wieder hinunter. Der Aufstieg auf den Zaun war ziemlich einfach, aber das Überklettern der Spitze und das Umfassen der Drahtschlaufen für den Abstieg war schwieriger. Oft sprangen oder fielen die Kinder einfach. Drei Meter sind eine lange Strecke, um zu fallen und sich dabei nicht zu verletzen.

Unvermeidlich brach sich ein Kind beim Abspringen vom Zaun den Arm im Bereich des Handgelenks. Die Eltern beauftragten einen Anwalt in Bethel, um Schadensersatzansprüche geltend zu machen. Der medizinische Anspruch war etwas komplizierter als man erwarten könnte, da der

Bruch an einer Wachstumsfuge lag. Wenn das Wachstum beeinträchtigt wäre, müsste sich das Kind möglicherweise in Zukunft mehreren Operationen unterziehen, um sicherzustellen, dass beide Arme im Erwachsenenalter gleich lang sein würden. Meine Untersuchung im Auftrag des Versicherers des Kashunamiut Schulbezirks ergab, dass ein Anwalt vor Gericht wahrscheinlich behaupten und beweisen könnte, dass der hohe Maschendrahtzaun eine „Attractive Nuisance" (zum juristischen Deutsch, eine „attraktive Gefahrenquelle") sei. Die Schule musste etwas unternehmen, um solche Unfälle in Zukunft zu verhindern. Obwohl ich nicht an den Diskussionen über die Behebung des Problems beteiligt war, würde es für den Schulbezirk schwierig werden, eine kindergesicherte Lösung zu finden, die nicht mit Stacheldraht an der Spitze oder aggressiven Wachhunden am Zaun arbeitet.

Als es in Chevak an diesem Tag Zeit für das Mittagessen wurde, beobachtete ich ein kulturelles Phänomen, das den Kindern selbst wahrscheinlich gar nicht bewusst war. Jedes der etwa zwei Dutzend Grundschulkinder in meinem Umfeld kam, um sich vorzustellen. Nacheinander stellten sie sich in einer Reihe auf, um mir die Hand zu schütteln, und jedes der jüngsten fragte mich nach meinem Namen und: „Wer ist deine Mutter?" Ich antwortete: „Thelma Longmire", was sie zufriedenstellte, auch wenn sie noch nie von ihr gehört hatten.

Ich hatte einen Tutor in Yugtun, der West-alaskische Yup'ik Sprache, engagiert. Dies ist die erste Sprache der meisten Alaska-Ureinwohner in diesem Teil des Landes, zusammen

173

mit den Schwestersprachen Cup'ik (ungefähr als „tschup-pik" ausgesprochen), die in Chevak und Hooper Bay gesprochen wird, sowie einer Variante, dem Sibirischen Yup'ik, die auf Saint Lawrence Island und in Sibirien gesprochen wird. Um ein Gespräch auf Yup'ik einzuleiten, muss man zuerst die familiäre Beziehung herstellen, da dies die Wahl der Wörter und ihre Präfixe, Stämme und Postbasen beeinflusst. Die Abstammung einer Person verläuft durch die Mutter. Und indem diese Kinder nach dem Namen meiner Mutter fragten, folgten sie einer jahrtausendealten Tradition.

Einheimische Kinder werden geliebt und wissen, dass sie eine besondere Rolle in der indigenen Gesellschaft spielen. In den Handelszentren von Dillingham, Bethel, Unalakleet, Nome, Kotzebue und Utqiaġvik ist Spielzeug ein großes Geschäft, weil Mütter und Väter ihre Kinder mit Geschenken überschütten. Wenn ich die Gottesdienste der Herrnhuter Kirche besucht habe – die Alaska-Zentrale befindet sich in Bethel –, war ich beeindruckt davon, wie die Kinder während des Singens freien Zugang zu allen Bereichen des Saales hatten. Aber wenn es Zeit für Respekt war, waren sie ruhig, unglaublich ruhig und still. Wenn ein Ältester spricht, unterbricht ihn niemand.

So komme ich nun zur Lutherischen Kirche in Nome. Während eines Wochenendaufenthalts nahm mich meine bereits erwähnte Freundin und Goldgräbertochter, June Engstrom, an einem Sonntagmorgen mit zum

Sonntagsgottesdienst. Der reguläre Pfarrer war in den Ferien, also übernahm ein pensionierter Aushilfspfarrer aus Seattle den Gottesdienst. Es war die typische lutherische Liturgie, bis...

Der Pfarrer forderte alle Kinder auf, nach vorne zu kommen und sich im Halbkreis um ihn herum auf dem Teppich zu setzen, während er eine animierte Geschichte vorspielte. Sie alle waren einheimische Kinder, junge Inupiaq und Yup'ik Eskimos. Als talentierter Geschichtenerzähler würde der Pfarrer die Kinder mit einbeziehen können, oder? Oder? Nein. Leider hat niemand diesem Gastprediger die Gebräuche der Indigenen erklärt. Während Eskimo Kinder auf dem Spielplatz genauso ausgelassen sein können wie alle ihre Altersgenossen auf der ganzen Welt, wissen diese Kinder, dass ein ruhiges Auftreten gegenüber den Ältesten grundlegend ist.

Als der Pastor die neutestamentliche Parabel vom Guten Hirten begann, hatte er nicht mit einem stillen Publikum gerechnet. Wie es in dieser biblischen Parabel heißt, hat der Hirte 100 Schafe, aber wenn eines verloren geht, ist er bereit, die 99 zu verlassen, um das eine zu suchen. Der Pfarrer drehte sich von einer Seite zur anderen und zeigte auf den imaginären Hügel in der Ferne, auf dem das verlorene Schaf sein musste, aber die Kinder saßen bewegungslos wie kleine Statuen. Als er merkte, dass er ein „hartes Publikum" vor sich hatte, legte er sich noch mehr ins Zeug. Schließlich kam ihm der Gedanke, dass die Kinder vielleicht gar nicht wissen, was ein Schaf ist.

„Wisst ihr, was ein Schaf ist? Hebt die Hand". Keine Bewegung. Schließlich rief er ein Mädchen auf, das einfach mit den Schultern zuckte. Der Pastor beschloss, eine Erklärung zu versuchen und sagte: „Ein Schaf ist wie ein Schlittenhund". Das Problem ist, dass das Verhalten von Sibirien-Huskies und Malamutes, obwohl die Größe ähnlich sein mag, überhaupt nicht dem eines scheuen Schafes entspricht. Jedes Dorfkind lernt, dass die Hundeschlittenplätze mit ihren heulenden und springenden Hunden Gefahrenzonen sind. Niemals, niemals sollte man einen solchen Platz durchqueren! Den Kindern werden von Mama und Papa, Opa und Oma Geschichten von anderen Kindern erzählt, die von Schlittenhunden verstümmelt oder sogar getötet wurden.

Selbst nach seiner Schaf- und Husky-Analogie blieben die Kinder still. Trotzdem fuhr der entschlossene Pastor mit der Geschichte fort: „Ein Schaf ist in den felsigen Hügeln und blökt nach seiner Mutter. Das kleine Schaf friert. Es weint".

Dann fragte der Pastor die Kinder: „Wisst ihr also, was als nächstes passiert? Jemand kümmert sich so sehr um dieses Schaf, dass er alle anderen verlässt und in die Dunkelheit hinausgeht, um das kleine verlorene Lamm, äh, Schaf, zu finden. Und wisst ihr, wer dieser Mann ist?"

Schweigen.

Er fragt wieder: „Wer geht dem verlorenen Schaf nach?"

Stille.

176

„Wer will dem armen Verlorenen nachgehen?"

Ein kleiner Junge hob die Hand, und ein Ausdruck großer Erleichterung huschte über das Gesicht des Pastors. Er zeigte auf den Jungen, und die kleine Stimme fragte stolz: „Der Jäger?"

Kapitel 16

Er hatte einfach den Kopf verloren.

Der Name „Parks Highway" sorgt für Verwirrung. Diese Straße führt zwar sowohl zum Denali Nationalpark als auch zum Denali State Park, aber das Wort „Park" im Namen ist Zufall. Die Parks Highway wurde 1971 als die Anchorage-Fairbanks-Schnellstraße fertiggestellt, aber kurz darauf in die George Parks Highway umbenannt, um den Mann zu ehren, der von 1925 bis 1933 Gouverneur des Alaska-Territoriums war. Es ist zwar übertrieben zu sagen, dass durch diese Namensgebung ein Bürgerkrieg verhindert wurde, aber die Rivalität zwischen Alaskas erst- und zweit- größten Städten hätte zu einem unschönen Kampf geführt, wenn der ursprüngliche Name „Anchorage to Fairbanks" und nicht „Fairbanks to Anchorage" geblieben wäre.

Die Straße ist für den Transport und den Handel von entscheidender Bedeutung, aber die Zahl der Toten, darunter Menschen, Elche und Bären, ist erschreckend. Vor seinem Bau führte der Weg von Norden nach Süden über die „Alcan" (heute Alaska Highway genannt), dann über die Richardson und schließlich die Glenn. Im Winter dauerte die Reise zwei Tage, aber Eis und Schnee waren nicht die einzigen Faktoren. 1920, als die Richardson gebaut wurde, wussten die Ingenieure aus den Lower 48 nichts vom Permafrost. Die Eislinsen im Boden, die sich regelmäßig ausdehnten und zusammenzogen machten diese Route zur „sichersten Straße in den ganzen USA" aus, denn wer schneller als 30 km/h fuhr, dem prallte der Schädel immer wieder gegen das Dach des Autos. Heute, nach über hundert Jahren des Wiederaufbaus, ist die Richardson immer noch eine Achterbahnfahrt.

Die Parks Highway hingegen verkürzte mit seinen langen Geraden und überhöhten Kurven die Reisezeit zwischen Fairbanks und Anchorage auf weniger als sechs Stunden. Wenn es eine Olympiade für die blutigsten Fernstraßen Alaskas gäbe, stünden die Parks, die Seward und die Glenn alle auf dem Podest, aber von allen drei würde die Parks sicherlich Gold holen. Ein Beispiel: Um 1999 raste ein 26-jähriger Pilot der Eielson Air Force Base in North Pole bei Fairbanks mit seinem Toyota Corolla nach Süden. Er rutschte - offenbar auf Eis - in die Bahn eines entgegenkommenden Sattelschleppers. Bei dem Frontalzusammenstoß wurden Metall, Knochen, Organe und Kleidung auf hunderte Meter in alle Richtungen über den Schnee verstreut. Innerhalb von Stunden knabberten Raben, Wölfe und sogar Eichhörnchen an den Überresten. Die Karosserieteile des Corolla waren rot und schwarz gefärbt und hoben sich vom Schnee ab. Der Sattelzug war größtenteils intakt, aber er hatte einen 50 Meter langen Graben durch den Schnee nach Osten gegraben. Sam Weatherford, Wilton Adjustment Services Experte für Schwermaschinen und LKW-Schäden, war am nächsten Tag vor Ort. Er ging in den tiefen Schnee hinaus, um Panoramafotos von den Folgen des Unfalls zu machen. Etwas knackte unter Sams Stiefel, und er sah nach unten, um ein 20 Zentimeter langes Wirbelsegment aus dem Rücken des jungen Piloten zu sehen.

Bis zu meiner Pensionierung hatte ich viele grauenhafte Berichte über Unfälle auf der Parks an Anwälte und Versicherungsgesellschaften geschrieben. Einer davon handelte von zwei Fairbanks Highschool-Turteltauben, was mich daran erinnerte, dass hormongesteuerte Teenager göttliche Hilfe brauchen, um überhaupt am Leben zu bleiben. In dieser Geschichte sieht es jedoch so aus, als hätten die Schutzengel dieser beiden Kinder an diesem Tag früh Feierabend gemacht.

Der Winter in Fairbanks, sie nennt sich stolz „Alaskas Golden Heart City", ist lang, dunkel und sehr kalt - minus 20° bis minus 40° Celsius sind üblich. Wenn die Frühjahrsferien an der High School und der Universität beginnen, leihen sich die Kinder Moms SUV - in diesem Fall war es ein Nissan Pathfinder - und fahren für eine Woche nach Süden, um sich in den Anchorage-Tropen aufzutauen, wo die Tageshöchsttemperaturen im Frühling oft über den Gefrierpunkt steigen.

Zwei Highschool-Senioren saßen im Pathfinder. Am Steuer saß ein junger Mann, und auf dem Beifahrersitz neben ihm saß seine Verlobte. Der Junge hatte vor, zwei Jahre Missionsarbeit für seine Kirche zu leisten, bevor er und die Freundin gemeinsam das Studium an der Universität beginnen würden, und seine Liebste versprach, ihm bis zu seiner Rückkehr vom Missionsfeld treu zu bleiben.

Im Norden war es kalt, aber die Parks Highway war größtenteils frei von Schnee und Eis, ein perfekter Tag, um mit dem Pathfinder die Geschwindigkeitsbegrenzungen zu testen. Nach Angaben des Augenzeugen, dessen Geschichte folgt, wurde es „knifflig", als sie Willow passierten, auf dem südlichen Drittel der Strecke.

Dieser Zeuge war ein 36-jähriger Mann aus Girdwood, dem Dorf am Fuße des berühmten Skigebietes Mount Alyeska. Er war begeisterter Skifahrer, der einen White-Freightliner-Sattelschlepper fuhr. Das Modell war ein „Cabover", was bedeutet, dass der Führer hoch oberhalb des Motors sitzt. An diesem Tag schleppte er einen alten, langen Wohnwagen aus einem Trailerpark ab, der als Standort für einen Büroturm in Anchorage ausgewählt worden war. Das Ziel dieses extra-langen und schmalen Trailers war ein

Er hatte einfach den Kopf verloren.

spottbilliges Grundstück in einem weitgehend vergessenen Landesteil in der Nähe von Trapper Creek.

Man konnte damals in Anchorage günstig einen gebrauchten Trailer kaufen, und abgesehen vom Bohren eines Brunnens und der Installation einer Klärgrube, waren die einzigen nennenswerten Kosten der Transport des Trailers über die Parks Highway und das Aufstellen auf Betonblöcke. Von den 1980er bis in die späten 1990er Jahren gab es viele alte Trailer, die mit 14 Fuß (4,3 m) genau so breit waren wie eine Fahrspur auf dem älteren und schmaleren Abschnitt der Parks Highway. Dieser Trailer war auf beiden Seiten einen ganzen Meter breiter als das Fahrerhaus des White-Freightliners-Sattelschleppers. Da der Wohnwagen ein rostiges Fahrgestell und platte Reifen hatte, saß er auf einem temporären Gestell, um transportiert werden zu können, so dass er jetzt deutlich höher war, als es im Trailerpark in Anchorage der Fall war.

An diesem Nachmittag in der Nähe von Willow fuhr der Fahrer des nordwärts fahrenden White-Freightliners mit den vorgeschriebenen Pilotfahrzeugen vor und hinter sich. Das Auto, das etwa hundert Meter vor ihm fuhr, trug blinkende gelbe Lichter und ein großes Schild: „WIDE LOAD". Der LKW-Fahrer bemühte sich - und war größtenteils erfolgreich - den Anhänger zwischen dem Mittelstreifen und der Nebelbegrenzungslinie seiner Fahrspur zu halten.

Wie er mir in unserem Interview erzählte, hatte er nach dem Passieren der Abzweigung nach Talkeetna selbst bemerkt: „Es ist unheimlich, wie ich, wenn ich hier am Steuer so hoch sitze und die Sonne direkt hinter mir steht, klar an die Vordersitze jedes entgegenkommenden Autos sehen kann".

Plötzlich nahm er den Fuß vom Gaspedal, als er sah, wie der weiße SUV der Kinder fast das vordere Pilotfahrzeug streifte. Er hupte und griff fester ans Lenkrad, während er bremste. Er konnte nicht in Panik bremsen, denn das würde den White-Freightliner und den Anhänger sicherlich auf beiden Fahrspuren ins Schleudern bringen. Der Pathfinder war jetzt direkt auf die vordere Stoßstange des White-Freightliners gerichtet. Wo um Gottes Willen war der Fahrer des Pathfinders? Er konnte niemanden hinter dem Steuer sehen, aber er konnte sehen, dass die Beifahrerin, eine junge Frau, aufrecht saß und die Augen geschlossen hatte. Nachdem seine Druckluftfanfare ertönt war, öffnete sie die Augen und warf die Hände hoch. Der Fahrer tauchte dann hinter dem Steuer auf und warf den Lenker des Pathfinders nach rechts. Diese Kurskorrektur rettete die beiden...fast.

Die linke Seite des Pathfinders schrammte an der Fahrerseite des White-Freightliners entlang, was an und für sich nicht sehr schlimm war. Aber dann, in einem Geräusch, das der LKW-Fahrer als das widerlichste Knirschen von Metall bezeichnete, das er je gehört hatte, riss die Vorderkante des Wohnwagens die linke Hälfte des Nissan-Dachs von der Windschutzscheibe bis zur Heckklappe ab. In einem Augenblick waren der Kopf und der Hals des Jungen weg.

Der White-Freightliner rollte bis zum Straßenrand und die Fahrer beider Pilotfahrzeuge kamen angerannt. Die in der

Er hatte einfach den Kopf verloren.

Nähe stationierten Alaska State Troopers und EMT-Sanitäter waren innerhalb von Minuten vor Ort. Der Verkehr auf der Parks Highway wurde sowohl in nördlicher als auch in südlicher Richtung bis Mitternacht gesperrt.

Aus dem Bericht des Troopers erfuhr ich, dass die weibliche Beifahrerin bei seiner Ankunft am Unfallort doch nicht bewusstlos auf dem Beifahrersitz saß, sich aber nicht bewegen konnte. Die EMT-Sanitäter fanden keine körperlichen Verletzungen, die sie bewegungsunfähig gemacht hätten. Sie luden sie auf eine Trage und schoben sie in den Krankenwagen. Ihre diagnostizierten Körperverletzungen waren oberflächliche Schnittwunden und Glassplitter der Windschutzscheibe, die sich in ihre Haut gebohrt hatten. Nachdem sie sich im Krankenwagen mit offenen Türen ein wenig beruhigt hatte, erzählte sie dem Trooper ihre Geschichte. Sie wüsste gar nichts von dem, was passiert war, weil sie geschlafen habe. Sie wachte auf, als die Windschutzscheibe explodierte. Der Trooper schrieb eine aussagekräftige Zeile in seinen Bericht. Als er in den zerstörten Pathfinder schaute, war die junge Dame unten nackt, und die Jeans und das Höschen bis zu ihren Knöcheln heruntergezogen.

Ein Fahrzeug des Gerichtsmediziners war von Anchorage entsandt worden, um sich um die Überreste des Jungen zu kümmern. Bevor die Parks Highway wieder freigegeben werden konnte, mussten die Mitarbeiter den Troopers bestätigen, dass sie den Torso aufgeladen und eine gründliche Suche nach fehlenden Körperteilen durchgeführt hatten. Die Überreste wurden zur toxikologischen und forensischen Analyse nach Anchorage gebracht.

185

Aus Respekt vor der Sensibilität des White-Freightliner-Fahrers wartete ich zwei Tage, um ihn zu dem Unfall zu befragen. Er war zurück in seiner Hütte am Fuße des Mount Alyeska, aber er schlug vor, dass wir uns zum Kaffee und zur Vernehmung im New Sagaya Market in Midtown Anchorage treffen könnten, 68 Kilometer entfernt. Es war ein wunderschöner Frühlingstag mit Eisblöcken, die in einem Fjord namens Turnagain Arm herumrollten. Er kam spät und entschuldigte sich für seine Verspätung. Er erklärte, dass er sich entschieden hatte, mit seinem Mountainbike zu fahren, weil er, als er zu seinem Auto ging, nicht in der Lage war, sich hinter das Steuer zu setzen. Ich sagte ihm, dass ich natürlich nach Girdwood hätte fahren können, um ihn zu treffen, aber er sagte nein, er habe das Gefühl, dass die Radtour an diesem herrlichen Alaska-Tag seinen mentalen Nebel lichten würde. Nach einem herzlichen Interview stieg er auf sein Fahrrad und fragte sich laut, wie viele Monate er brauchen würde, bis er wieder einen LKW fahren könne.

Die Versicherung bat den Anwalt, dem ich Bericht erstattete, meine Untersuchung für ein Jahr auf Eis zu legen und sie, falls es keine weiteren Aktivitäten gäbe, für weitere sieben Jahre zu archivieren, zuzüglich der Zeit, die die junge Minderjährige brauchen würde, um die Volljährigkeit zu erreichen. Wie bei Todesfällen üblich, genehmigte die Geschäftsleitung der Versicherung die Entscheidung, keinen Anspruch auf Erstattung der Reparaturkosten für den White-Freightliner an den Nachlass des Fahrers (in diesem Fall seine Eltern) zu stellen. Die führende Ecke des Anhängers wurde nur geringfügig beschädigt, so dass dies

Er hatte einfach den Kopf verloren.

kein Faktor war. Die Versicherung wies den Verteidiger jedoch an, dass der Anwalt die Akte wieder öffnen und ihn energisch verteidigen sollte, falls jemand versuchen sollte, eine Klage wegen Fahrlässigkeit gegen den LKW-Fahrer zu erheben.

Im Interesse der Eltern und Verwandten des Jungen und des Mädchens hofften alle auf unserer Seite des Anspruchs, dass sie nie von dem Höschen des Mädchens erfahren würden, auch wenn dies unwahrscheinlich war, da sie wahrscheinlich den Bericht des Troopers gelesen hatten. Ich habe oft an das Mädchen gedacht. Ich hoffte, dass sie einen Pfarrer oder einen Berater finden würde, der ihr helfen könnte zu verstehen, dass sie nicht für den Tod ihres Verlobten verantwortlich war. Ich hörte nichts mehr dazu, damit endete der Fall.

Kapitel 17

Splitter im Leichensack

Kodiak ist die größte der 1.800 benannten Inseln Alaskas. Das Wort Kodiak bezeichnet auch die lokale Unterart der Grizzlybären, die auf ihren Hinterbeinen drei Meter hochstehen können. Die größte Stadt auf Kodiak heißt ebenfalls Kodiak. Sie liegt mit der Alaska Airlines eine Stunde von Anchorage entfernt, und von dort aus kann man mit kleinen Propellermaschinen zu einer Vielzahl abgelegener Dörfer fliegen. Alternativ kann man, wenn das endgültige Ziel eine Wasserlandung beinhaltet, vom Flughafen mit dem Taxi zu einer Wasserflugzeugbasis auf einem See mitten in der Stadt fahren.

Wenn man unbedingt mit dem Auto oder Pickup nach Kodiak fahren will, dauert die Fahrt von Anchorage nach Homer viereinhalb Stunden und dann 15 Stunden mit einem Fährschiff der Alaska Marine Highway, die dreimal wöchentlich vom Terminal am bilderreichen Homer Spit in der Kachemak Bay fährt.

Kodiaks ultra-grüne Berge, die ins Meer abfallen, sehen wie eine Inkarnation der mythischen Elysäischen Felder aus. Die Insel ist größtenteils zu schroff und steil für Straßen, so dass die Siedlungen in oder in der Nähe von Buchten liegen, wo Versorgungsschiffe ein paar Mal im Jahr ankommen. Jedes Dorf auf Kodiak und der nahe gelegenen Afognak-Insel hat entweder einen Zugang für Wasserflugzeuge oder eine Kiespiste für Räderflugzeuge.

Ein solches Wasserflugzeug- und Sommerbargen-Dorf hat ein Dutzend Häuser, die sich über Kilometer entlang einer Bucht verteilen. Während der Herbstregen transportieren die Bäche an den Berghängen oberhalb der Siedlung immense Lasten von Sand, Steinen und Felsbrocken zum Meer. Das Problem ist, dass diese Wasserkorridore so viel Geröll transportieren, dass sie sich regelmäßig verstopfen und die Bäche überlaufen und sich neue Kanäle suchen. Dies ist ein häufiges Problem in Fällen, in denen das Gehöft einer Person in der Nähe eines solchen Baches liegt, von denen Dutzende ins Meer fließen.

Ein Mann, manche würden ihn einen Einsiedler nennen, weil er so weit von der Zivilisation entfernt lebte, war seit 40 Jahren Bewohner der besagten Siedlung. Ein Bach, der früher in der Nähe seines Hauses floss, hatte an der Flanke des Berges oberhalb seiner Hütte einen Bogen gemacht, und er befürchtete, dass das Wasser im kommenden Regenmonat Oktober den Weg bis zu seiner Küchentür finden würde.

Der nächste Nachbar (15 Minuten auf einem schmalen Weg entfernt) hatte einen uralten Straßenhobel und einen Caterpillar-Bulldozer-Traktor mit einem 2,5 m breiten Schild davor. Als Geste der Nachbarschaftshilfe bot der Besitzer dem Mann die Maschine an, wie er es schon öfters in der Vergangenheit getan hatte, damit der Hausbesitzer ein neues Bachbett ausheben und eine Steinmauer bauen konnte, die den Bach von seinem Haus wegzwingen würde. Der Besitzer des Geräts warnte ihn, dass die Maschine alt und launisch sei, ähnlich wie sie beide, und dass der Motor von Zeit zu Zeit ausfalle. Dies sollte sich alle paar Minuten bewahrheiten, besonders wenn der Dozer an einem Hang bergauf stand, was bei diesem Einsatz die meiste Zeit der Fall war.

Das Umgraben des Bachbettes und der Bau einer Mauer sollten ein dreitägiges Projekt werden, wenn alles gut ging, aber wegen der Motorprobleme ging es nur langsam voran. Der erste Tag verlief gut, der Motor fiel nur ab und zu aus. Am nächsten Tag wurde es mehr als nur ein Ärgernis, wie er dem Besitzer am Abend in seinem Funk-Telefonat erzählte. Nach einigen Bastelarbeiten stellte er fest, dass es ein Problem mit der alten Verkabelung war, das durch Wackeln und Ziehen vorübergehend behoben werden konnte. Am dritten und letzten Tag des Projekts fiel der Motor ständig aus.

Der Rest dieser Geschichte ist eine logische Rekonstruktion, da es am dritten Abend keinen Funkruf an den Besitzer gab. In der Kabine des Raupenbaggers waren der Fahrersitz, die Zündung und andere Bedienelemente von einem Metallverdeck hinter dem Motor abgedeckt, dessen massiver Kühler sich vorne beim Schild befand. Auf beiden Seiten des Fahrersitzes waren die Raupen mit stählernen Verkleidungen abgedeckt, so dass der Fahrer in die Kabine ein- und aussteigen konnte, ohne auf die Noppen der Stahlkette treten zu müssen. Zwischen den Verkleidungen und den Laufrollenketten war auf beiden Seiten ein Abstand von etwa 15 Zentimetern vorhanden.

Am dritten Tag wurde der Bulldozer den Hang hinauf ausgerichtet, wobei der Motor offenbar wiederholt abstarb. In dieser Situation würde jeder Mensch so gereizt werden, dass er unvorsichtig wird, und genau das könnte dazu geführt haben, dass der Fahrer die Vorsicht verlor und auf die rechte Seite sprang, um an den Zündkerzen zu rütteln und den Motor wieder zum Laufen zu bringen. Um sicherzustellen, dass der stillstehende Bulldozer so blieb, legte er den Rückwärtsgang ein.

Der Mann stieg offenbar von der rechten Verkleidung ab und kniete sich auf die Laufketten am Motor, wo er an den Kabeln rütteln konnte. Das bedeutete, dass sein linker Stiefel nur wenige Zentimeter von der Stelle entfernt war, wo die obere Laufkette in der Verkleidung verschwand. Plötzlich funktionierte sein Rütteln, und der Motor sprang brüllend an. Spucken, Spucken, Puff, Puff, und ohne Vorwarnung bewegten sich die Noppen rückwärts den Hügel hinunter. Es ist jenseits der dunklen Weiten meiner Vorstellungskraft, den Schrecken zu erfassen, den er erlebte, als die Lauffläche seinen linken Stiefel und dann sein linkes Bein unter die Verkleidung zog. Es hätte vielleicht noch eine Minute gedauert, bis der Rest seines Körpers seinem Bein folgte. Die Knochen wären so zerbrochen, dass sein Körper unter die Verkleidung gepasst hätte. Glücklicherweise hätte die Bewusstlosigkeit sein Leiden nach den ersten 45 Sekunden beendet.

Offensichtlich löste sich sein Körper am Beckenbereich. Dann lief nach und nach das meiste von dem, was früher der Mann war, durch die Verkleidung, während andere blutige Stücke auf die Felsen neben dem Raupenbagger fielen. Während der Dozer seine langsame Abfahrt fortsetzte, wurden Teile des Körpers des Mannes, die durch die Verkleidung gegangen waren, von den sich bewegenden Ketten freigeschleudert. Die meisten dieser Teile wurden vom Frontschild des Dozers, die sich in der abgesenkten Position befand, erneut überfahren. Dieses frontale Schwarzblech machte einen Brei aus dem, was von dem Körper dieses armen Mannes übriggeblieben war, als sie wiederum über alles darüberfuhr.

Eine Untersuchung ergab, dass das Problem mit der Verkabelung der Zündkerzen wahrscheinlich dazu geführt hatte, dass der Motor nur weitere zehn Meter den Hang hinunter ausfiel. Dort fand ihn der Besitzer, nachdem er nachgesehen hatte, warum der Siedler an diesem Abend keinen Routine-Funkruf gemacht hatte.

Es war eine einfache Untersuchung, die von der Versicherung des Besitzers des Raupenbaggers eingeleitet wurde. Der Schadenssachbearbeiter der Versicherungsgesellschaft im Mittleren Westen der USA hatte keine Ahnung, wie die Realität des Lebens in dem Archipel, der sich in Richtung Japan erstreckt, aussieht. Er befürchtete, dass der Eigentümer fahrlässig den Tod des Siedlers verursacht haben könnte, was höchst unwahrscheinlich war, aber die Möglichkeit musste dennoch geprüft werden. Der am nächsten Tag zum Tatort gerufene Alaska State Trooper sammelte so viele Teile wie möglich ein und legte sie in einen Plastiksack. Der schwarze Beutel erwies sich als viel größer als nötig, um die kleinen Überreste zu transportieren, die er in der Nähe des Baches gefunden hatte.

Meine Arbeit ergab, dass der Besitzer des Raupenbaggers angemessene Sorgfalt walten lassen hatte, indem er den Siedler vor den Verkabelungsproblemen des Motors gewarnt hatte. Es war kein Geld geflossen. Der Verleiher war nach dem einfachen Prinzip nicht haftbar, da der Siedler mit der Bedienung dieses Bulldozers vertraut war und das Risiko des Betriebs selbst übernommen hatte.

Nebenbei bemerkt hatten die Trooper letztendlich kein Glück, Verwandte des Einsiedlers aufzuspüren. Selbst wenn sie es gekonnt hätten, wäre es höchst unwahrscheinlich gewesen, dass es zu einer Klage wegen der Haftung gekommen wäre. Wie in den meisten Fällen schloss ich meine Akte, nachdem meine Arbeit abgeschlossen war, und stürzte mich in die nächste Aufgabe, ohne jemals herauszufinden, was in den folgenden Jahren geschah. Übernahm

194

der Kodiak Island Borough oder der Lake and Peninsula Borough das Grundstück und versteigerte es später vielleicht an einen anderen Abenteurer? (In Alaska ist der „Borough" die Verwaltungsgemeinde, oft mit wenigen Leuten aber dabei größer als ein kleines europäisches Land.) Oder vielleicht kam niemand, und das Haus brach schließlich während der jährlichen Sturmwasserfluten zusammen und wurde zu einem Sammelsurium von Holzstücken, die zwischen den Felsen hervorragten, wo der Gebirgsbach den Sieg davongetragen hatte?

BLUT PISSE & JUBEL   ALASKA

Kapitel 18

Heroin auf der Palmer-Wasilla

Präsident Dwight D. Eisenhower initiierte 1956, drei Jahre vor der Aufnahme des Territoriums Alaskas als 49. Bundesstaat, das Interstate-Highway-System. Fünfzig Jahre später hörte ich in einem Bericht aus Washington, D.C. zum goldenen Jubiläum des Systems einen Kommentator von National Public Radio: „Jede amerikanische Stadt mit 50.000 oder mehr Einwohnern liegt an einer Interstate Highway". Ich glaube, selbst mein Autoradio war von seiner Unwissenheit verblüfft. Ich fuhr die Rabbit Creek Road hinauf zu meinem Haus und grübelte: „Welche Interstate verbindet überhaupt die drei größten Städte Alaskas?"

Weniger als ein Viertel der Städte in Alaska haben überhaupt Straßen, die über ihre Grenzen hinausreichen. Wo es
doch Straßen gibt, sind viele davon Kiesstraßen, und selbst
die asphaltierten sind fast alle zweispurig. In den Innen-
städten von Juneau, Fairbanks und Anchorage gibt es zwar
etwas, was wie Autobahnen in den Lower 48 aussieht, aber
sie führen nicht weit. Der größte Vorteil des Straßennetzes
in Alaska ist, dass die geringe Bevölkerungsdichte und die
immensen Entfernungen zwischen den Städten auf den
meisten Strecken für wenig Verkehr sorgen, so dass die
Unfallhäufigkeit gering ist. Dabei ist aber die Schwere der
Auswirkungen, wenn dann doch etwas passiert, oft katas-
trophal. Da die ländlichen Straßen in der Nähe der Groß-
städte in Alaska immer voller werden - ähnlich wie in den
Lower 48 vor 75 Jahren - sind auch die Forderungen nach
beschränkten Zufahrtsstraßen und geteilten Autobahnen
gestiegen.

Eine tragisch überlastete zweispurige Straße dient als
Hauptverbindung zwischen Palmer und Wasilla im Mata-
nuska-Susitna Borough (Mat-Su). Einst eine Bauernstraße,
die zwei kleine Städte verband, ist die Palmer-Wasilla-
Highway heute eine Durchgangsstraße, die diese beiden
Vororte von Anchorage bedient. Als sie gebaut wurde, war
das Land günstig. Doch im 21. Jahrhundert war der Reiz
der unberührten Fichtenwälder, der idyllischen Milchfar-
men und der Riesenkohlfelder durch Einkaufszentren und
ein Walmart Superstore getrübt worden.

Eine Sache, die auf der Palmer-Wasilla-Highway weiterhin
eine Rolle spielt, ist die hohe Zahl der Menschenleben, die

sie jedes Jahr in Alaska fordert. Selbst mit den jüngsten Verbesserungen hat das Gemetzel nicht aufgehört. Der Mat-Su verfügt heute über einen Krankenhauskomplex mit Hubschrauberlandeplatz und Traumazentrum, aber vor 2006 wurden Verletzte und Überlebende mit Krankenwagen in ein kleines Krankenhaus in Palmer gebracht.

Im Jahr 2003 gelang es einem 28-jährigen russischen Immigranten, der über ein erstaunliches Talent für Täuschung verfügte, einen Job als Fahrer eines 16-sitzigen Mat-Su-Wohltätigkeitsbusses für Senioren und Behinderte zu ergattern. Sein Gebiet erstreckte sich über 800 Quadratkilometer und umfasste das Abholen und Absetzen von Klienten in Kliniken und Tagespflegeeinrichtungen für Erwachsene, von denen sich viele entlang der Palmer-Wasilla befanden. Vor allem während des abendlichen Pendlerverkehrs, wo die meisten aus Anchorage kamen, war die Straße einspurig in beiden Richtungen stark befahren. Auf diesem Weg gab es fast keine Abbiegespuren oder Ausweichmöglichkeiten für die Seitenstraßen.

Der russische Fahrer hatte zwar einen ausgeprägten Akzent, aber beherrschte die englische Sprache gut. Von seiner Zeit als Busfahrer in Moskau vor seiner Auswanderung wusste er, was er tat. Was jedoch nicht sofort klar war, war seine Abhängigkeit von Marihuana und Alkohol, was der Verein bei seiner Einstellung nicht testete. Aber noch schlimmer war sein Gebrauch von Heroin.

Er freundete sich mit einem regelmäßigen Fahrgast an, einem 20-jährigen Bewohner einer Tagespflegeeinrichtung mit geistiger Behinderung, der von Montag bis Freitag jede Woche mit dem Shuttle des Russen fuhr. Die beiden wurden zu gelegentlichen Heroinpartnern und schossen sich während der Essenspause des Fahrers am Nachmittag ab.

An einem Herbstabend – es war dunkel, aber noch nicht schneereich – fuhr er mit diesem Mann und fünf anderen erwachsenen Passagieren im Bus von Wasilla in Richtung Palmer. Keiner von ihnen ahnte, dass der Fahrer und ein Passagier auf Heroin im siebten Himmel waren. Eine 45-jährige Frau in einem Ford-Tempo fuhr ebenfalls in Richtung Palmer, etwa 400 Meter vor dem Kleinbus. Die Frau im Ford signalisierte einen Linksabbieger und hielt auf der Fahrbahn, um auf eine Lücke in der langen Reihe entgegenkommender Pendelscheinwerfer auf dem Weg nach Wasilla zu warten. In Erwartung des Abbiegens hatte sie das Lenkrad nach links gedreht, ein fataler Fehler.

Der Caritas-Bus fuhr mit 90 km/h etwas über der Geschwindigkeitsbegrenzung. Der Fahrer, high auf Heroin, hatte gerade den Höhepunkt seines Drogenrauschs erreicht, und seine Neuronen befanden sich in einem Zustand besänftigender Verzückung. Der Bus segelte in das Heck des Ford-Tempos, ohne auch nur ein wenig zu bremsen (es gab keine Bremsspuren, die auf einen Bremsversuch hindeuten würden).

Da die Vorderräder des Tempos beim Auffahrunfall nach links eingeschlagen waren, wurde der Wagen in die vordere Fahrerseite eines entgegenkommenden Toyota Corolla katapultiert, der von einer zweifachen Mutter gesteuert wurde, die von der Arbeit nach Hause fuhr und deren Kinder glücklicherweise nicht im Auto waren. Ihr Kopf krachte durch das Seitenfenster, und sie starb in wenigen Minuten an ihren schweren Verletzungen. Die Frau im Tempo erlitt schwere Hals- und Wirbelsäulenverletzungen, die allgemein als Schleudertrauma bekannt sind. Sie blieb bei Bewusstsein und stöhnte noch vor Schmerzen, als die Rettungskräfte eintrafen. Nach der Kollision fuhr der Bus von der Straße ab und landete in einem breiten Graben, wo er – wie durch ein Wunder – auf seinen Rädern blieb. Jeder Passagier im Bus wurde verletzt, die meisten mit leichten Schnittwunden, aber auch einige mit Knochenbrüchen.

Der Zusammenstoß blockierte die Palmer-Wasilla für Stunden und löste einen massiven Einsatz aller nahegelegenen Feuerwehren und ihren EMT-Sanitätern sowie den Alaska State Trooper aus. Einsatzfahrzeuge der Feuerwehr und kommerzielle Krankenwagen transportierten die Opfer ins Krankenhaus in Palmer. Die Frau im Corolla wurde am Unfallort für tot erklärt, während die Fahrerin des Tempos mit einem Hubschrauber vom Krankenhaus in Palmer in ein großes Traumazentrum in Anchorage geflogen wurde.

Die winzige Notaufnahme in Palmer war im Chaos. Der russische Fahrer hatte sich nur leichte Verletzungen zugezogen, und nachdem er verbunden war, schmiedete er einen Plan, um seine Haut zu retten. Er wusste, dass die Trooper ihn befragen würden, sobald sie herausfanden, dass er der Busfahrer war. Also ließ er sich von einem Taxi

15 Kilometer zurück entlang der Palmer-Wasilla zu seinem kleinen, gemieteten Haus fahren.

Zuhause angekommen, begann er sofort, Wodka zu trinken. Er schnappte sich auch seinen Vorrat an Marihuana-Joints und rauchte einen nach dem anderen. Als er den Streifenwagen der Polizei in seine Einfahrt fahren sah, warf er sich unter eine Decke auf die Couch, wobei die Wodkaflasche neben ihm auf dem Boden lag. Als der Polizist durch die Tür kam, weinte der Mann bittere Tränen und erzählte dem Beamten unter Schluchzen, dass er so von Trauer überwältigt gewesen sei, dass er nach Hause gekommen sei und alles genommen habe, was er in die Finger bekommen konnte - ja, Sir, sogar Heroin -, um den Schmerz zu betäuben.

Der Trooper brachte ihn zurück ins Krankenhaus für einen toxikologischen Test. Obwohl die Ergebnisse zeigten, dass er Alkohol, Marihuana und Heroin im Blut hatte, zeigten sie nicht, wie lange diese Substanzen schon da waren. Für seinen Auffahrunfall wäre eine Anklage wegen fahrlässiger Tötung denkbar, wenn der Drogenkonsum mit dem Unfall in Verbindung gebracht werden könnte, und das würde eine lange Gefängnisstrafe bedeuten. Aber diesem Mann war es gelungen, die Tatsache zu verbergen, dass er bereits im Heroinrausch war, als er in den Tempo krachte.

Monate später befragte ich diesen Busfahrer in der Zentrale der Wohltätigkeitsorganisation in dem kleinen Mat-Su

Dorf Chickaloon, in dem sie ihren Sitz hatte, im Beisein des Anwalts der Wohltätigkeitsorganisation und eines Pflichtverteidigers für den Russen. Als ich den russischen Fahrer befragte, überkam mich ein Gefühl überwältigender Abscheu. Er zeigte sich gegenüber dem Unfall unbekümmert, ohne auch nur den geringsten Anflug von Reue für das, was er getan hatte, und grinste sogar darüber. Er sprach auch kein einziges Wort der Trauer gegenüber den Kindern aus, die er zu Halbwaisen gemacht hatte.

Ich hätte nie vom wahren Zeitpunkt des Heroinkonsums des Fahrers erfahren, wenn es nicht das brennende Gewissen des jungen Beifahrers gegeben hätte, der an diesem Tag mit ihm Heroin genommen hatte. Von Schuldgefühlen geplagt, rief mich dieser junge Mann im Büro an und sagte, er müsse reden. Also - nachdem ich mich mit dem Anwalt besprochen hatte - vereinbarte ich ein Treffen mit ihm. Er erzählte mir die ganze Geschichte, wie er und der Fahrer sich kurz vor der schicksalhaften Fahrt Heroin gespritzt hätten, was sie schon mehrfach zusammen in der Vergangenheit taten. In seinem Gespräch mit mir hat er vielleicht einige seiner Schuldgefühle abgebaut. Er war nur ein Passagier und fühlte sich verantwortlich, im Gegensatz zu dem Fahrer, der nichts dergleichen fühlte.

Der reguläre Anwalt bei meiner Arbeit sagte mir, dass die von mir gesammelten Informationen nur dann weiterzugeben wären, wenn ich in Zukunft vor Gericht aussagen müsste. Das ist nie geschehen, und meine Ermittlungen landeten in dem Aktenschrank mit der Aufschrift „abgeschlossen", während verschiedene Schadensabteilungen und Anwälte ausklügelten, wer wem wie viel Geld zahlen sollte.

Wie so oft in meinem Beruf ging ich zu einer anderen Untersuchung über, ohne den Ausgang des Vergleichsprozesses zu kennen, der zwischen Monaten und Jahren dauern konnte. Da meine Akte außerdem sieben Jahre lang an einem externen Standort archiviert wurde, wurde ich nie über endgültige Vergleiche informiert. Bis heute fällt es mir schwer, an der Unfallstelle vorbeizufahren, ohne Gefühle von Ekel zu empfinden.

Kapitel 19

Hirschbraten

Der Wood-Tikchik State Park im Südwesten Alaskas umfasst 1,6 Millionen Hektar. Alaskas staatseigene Parks sind nach allen Maßstäben riesig, aber die Nationalparks Alaskas sind noch größer. Der Denali Nationalpark umfasst 6 Millionen Hektar und der Wrangell-St. Elias Nationalpark 13,6 Millionen Hektar. Zum Vergleich: Die Schweiz hat eine Fläche von 10,2 Millionen Hektar. In den Lower 48 gibt es auch einige unglaublich große Staatspark-Schätze. Der Adirondack State Park in New York, der ein Fünftel des Areals des ganzen Bundesstaates bedeckt, ist so groß wie der Denali Nationalpark. Allerdings sind die meisten

Parks und Schutzgebiete in den Lower 48 wesentlich kleiner (der Mount Rainier Nationalpark beträgt z.B. 236.581 Hektar).

Im Wood-Tikchik State Park gibt es keine Straßen, und die Rangerstation Aleknagik in der Nähe von Dillingham ist die einzige Verwaltungseinrichtung. Paradoxerweise gibt es aber einige private In-Holdings, Landparzellen, die nach dem Ankauf von Alaska im 19. Jahrhundert als Homesteads an Siedler vergeben wurden. Einige dieser Homesteads wurden von Agenten von Milliardären, Prominenten und amerikanischen Fernsehpredigern aufgekauft, um dort Fly-in-Jagd- und Angel-Lodges zu bauen, komplett mit Dieselgeneratoren, fließendem Wasser und Klärgruben. Der Luxus dieser ausgewählten Lodges steht im Einklang mit den Yachten und Riviera-Winterhäusern ihrer Besitzer, ist aber in der absoluten Wildnis und inmitten der abgelegenen Yup'ik-Dörfer der Region fehl am Platz.

Eine Stufe unterhalb dieser Paläste liegen die Lodges auf den Inseln des Tongass National Forest Archipels im Südosten Alaskas, auf Kodiak und den Aleuten Islands, sowie im grandiosen Landesinneren nördlich von Mount Denali. Eine dieser Einrichtungen war die Ekwok Lodge, die von einem sympathischen und fleißigen Paar aus Bayern geführt wurde. Sie lernten den Südwesten Alaskas zu lieben und beschlossen, wohlhabende Menschen aus Deutschland, der Schweiz und Österreich mit den erstklassigen Lachsfischen zu verwöhnen, für die die Region berühmt war. Die Lodge befand sich drei Kilometer flussabwärts vom gleichnamigen Yup'ik-Eskimo-Dorf Ekwok. Ich weiß nicht, wie viele erfolgreiche Jahre die Ekwok Lodge hinter sich hatte, bevor sie 2008 gezwungen war, zu schließen. Nicht die damalige Weltwirtschaftskrise führte zur Schließung, sondern gesundheitliche Probleme der Betreiber, namentlich Krebs.

Das bayerische Ehepaar, das die Ekwok Lodge betrieb, verbrachte seine Winter damit, in ganz Deutschland multimediale Präsentationen für potenzielle Gäste zu halten, bei denen sie Proben von Kippers und kaltgeräuchertem Lachs aus dem Nushagak River anboten. Die Lodge bestand aus einem Hauptgebäude mit einem Essbereich und einem Aufenthaltsraum mit breiten Fenstern mit Blick auf den Fluss darunter und einem fast ständig knisternden Feuer in einem riesigen Kamin aus Flusssteinen. Nebengebäude beherbergten Hotelzimmer. Es gab auch Schlafsäle, wobei das Personal mit befristeten Sommerarbeitsgenehmigungen aus Deutschland kam.

Die Ekwok Lodge war der Traum von vielen deutschen Anglern: Schon der Gedanke, riesige Königslachse aus dem Nushagak River an Land zu ziehen, konnte ausreichen, um das Sparkonto leer zu räumen. Die meisten Gäste flogen mit der Condor von Frankfurt nach Anchorage, dann weiter mit Alaska Airlines nach Dillingham und schließlich mit dem Boot zwei Stunden flussaufwärts zur Lodge. Langschläfer hatten die Möglichkeit, eines der einmotorigen Post- und Frachtflugzeuge zu nehmen, die täglich von Dillingham zu den Yup'ik Eskimo Dörfern Portage Creek, Ekwok, Koliganek und New Stuyahok flogen. Nach vorheriger Absprache hielt der Skipper der Lodge Ausschau nach dem Flugzeug, das sich der Kies-Landebahn auf einem kleinen Hügel oberhalb vom Dorf Ekwok näherte, und fuhr mit einem Skiff flussaufwärts, um den Gast am Dock des Dorfes zu empfangen.

Trotz der offensichtlichen Armut im nahegelegenen Dorf (110 Einwohner) bot die Ekwok Lodge wenige Wartungsarbeiten, keine Ausbildungsplätze, keine Jobs im Speisesaal – also praktisch nichts für die Indigenen-Einwohner, die die Nachbarn in der riesigen Wildnis waren. Die Absicht der Ekwok Lodge war nicht, sich in Alaska zu integrieren. Vielmehr sollte die Ekwok Lodge in Klasse und Komfort die bayerischen Jagdhäuser des 18. und 19. Jahrhunderts nachahmen.

Die Küche bot Sauerbraten, Schweinekoteletts und Hirschbraten (aus Deutschland importiertes Wild) an. Aber es gab auch eine großartige Speisekarte mit lokalen Zutaten wie Salat, Beeren und natürlich Königslachs aus dem Nushagak River, oft als kaltgeräucherter Lachs serviert (was ein amerikanisches Feinkostgeschäft als Lox bezeichnen würde). Am Abend folgten auf ein Fünf-Gänge-Menü ein Digestif und Schnaps am Kaminfeuer, später noch einen Snack (Schwarzbrot, Wurst, Käse und frische Beeren aus dem umliegenden Wald) vor dem Schlafengehen. Im Dorf Ekwok hingegen war die traditionelle Nahrung der Ureinwohner Elch, Bär, getrockneter Lachs, Beeren und Samen.

Am Rande des Geländes, in Richtung des Dorfes gelegen, befand sich das wichtigste Gebäude der Lodge: eine Stahlrahmen-Werkstatt, in der sich ein industrielles Dieselkraftwerk und ein kleinerer Notstromgenerator befanden. Das Gebäude beherbergte auch die zentralen

Warmwasserbereiter und die Brunnensteuerung der Lodge. Draußen befanden sich oberirdisch ein riesiger Dieseltank, ein großer Propantank und ein kleinerer Benzintank für die Außenbordmotoren der Gästeboote und für den kleinen Geländewagen der Lodge. Der gesamte Treibstoff musste zweimal im Jahr mit einem Lastkahn von Dillingham den Fluss hinauf transportiert werden.

Es war ein typischer Nachmittag im Juli, und die Gäste der Lodge brachten ihren Fang von Königslachsen vom Fluss hoch und legten ihn, wie es üblich war, in ihre Kühlschränke, um ihn später einzufrieren oder ihn zu Räucherlachs zu verarbeiten. Während kleine Lachse etwa 15 Pfund wogen, waren viele Königslachse bis zu 50 Pfund schwer.

Die Aperitifs vor dem Abendessen, ob amerikanischer Whiskey oder europäischer Cognac, waren im Kaminraum frei zugänglich. Auf ein Klingeln hin begaben sich die Gäste in den weiß gedeckten Speisesaal. An diesem Abend zogen dichte Wolken über den Fluss und das Licht begann zu schwinden. Gegen 22 Uhr flackerten die Lichter, erloschen für eine Minute, flackerten noch ein paar Mal und wurden dann dunkel. Das Notstromaggregat sprang an, um die lebenswichtigen Kühlschränke zu versorgen und die Lodge minimal zu beleuchten.

Die Besorgnis über die Situation verbreitete sich schnell unter den Gästen, und alle Männer verließen den Kaminraum und gingen zum Wartungsgebäude. Ein ansonsten unbedeutendes Detail, das sich als entscheidend für die folgenden Ereignisse herausstellen sollte, war die Tatsache, dass die Werkstatt, wie man es von organisierten Deutschen erwarten kann, mit einer großen Auswahl an Werkzeugen und hochwertiger Ausrüstung bestückt war. Über allem in der Werkstatt hing eine Reihe von hellen Leuchtstoffröhren von der Decke, die sowohl an den Hauptgenerator als auch an das Ersatzkraftwerk angeschlossen waren. So konnte man problemlos die ganze Nacht durch in diesem Gebäude arbeiten.

Der Grund, warum die männlichen Gäste in Aktion getreten waren, war der, dass sie alle Mitglieder einer Interessengruppe von Ingenieuren waren - Maschinenbau-, Wirtschafts-, Bau-, Elektro- und Chemieingenieure. In ihrer Jugend waren sie Bastler gewesen, bauten wissenschaftliche Projekte, gewannen Preise, arbeiteten an Autos, reparierten Motoren - alles nur zum Spaß. Aber jetzt waren einige von ihnen Fakultätsmitglieder an Universitäten und Berufsschulen. Wenn sie die Wahl gehabt hätten, hätten sie ihren Urlaub vielleicht nicht in einem Etablissement verbracht, das so sehr im Gegensatz zur lokalen Kultur der Ureinwohner stand, aber die Möglichkeit, sich zu entspannen und Deutsch sprechen zu können, anstatt sich mit Englisch abzumühen, war vielleicht ein Verkaufsargument gewesen.

An diesem Abend gab es für die Ingenieure kein Abendbrot und keinen Schlummertrunk am Kamin. Sie versammelten sich zu einer Arbeitsberatung, als wären sie alle zurück in der Heimat. Sie wählten einen Teamleiter und stürzten sich in die Schlacht. Sie stellten schnell fest, dass der Ausfall des Kraftwerks auf Sabotage zurückzuführen war. Schwefelsäure und Sand, jede Menge davon, wurden in Motoröl und Dieselkraftstoff gefunden. Die Mischung wurde auch in einer Handvoll anderer, weniger wichtiger Öffnungen in der Anlage gefunden, ein Indiz dafür, dass der oder die Täter wahrscheinlich nicht viel darüber wussten, wie das Kraftwerk funktionierte. Die Gruppe der Ingenieure folgerte, dass die Fremdstoffe schon ein paar Tage bis eine Woche vor dem Ausfall vorhanden gewesen waren. Sie staunten auch über die Designmerkmale, die es dem riesigen amerikanischen Generator ermöglicht hatten, so lange unter diesen Bedingungen zu arbeiten.

Die Ingenieure zauberten eine außergewöhnliche Lösung hervor, um das Kraftwerk wieder zum Leben zu erwecken, wenn auch weniger effizient und mit etwas Abgasrauch. Dank ihrer hochkarätigen Teamarbeit lief der Hauptgenerator wieder, bevor der Koch und die Küchenhilfen morgens überhaupt aus dem Bett gekommen waren. Abgesehen davon, dass die Ingenieure ihre Partnerinnen am Frühstückstisch allein ließen, um sich für ein wohlverdientes Nickerchen wieder ins Bett zu schleichen, war es der Beginn eines weiteren normalen Angeltages auf dem Nushagak.

Das Urteil war, dass der Schaden fatal war, aber dass das Kraftwerk wahrscheinlich bis zum Saisonende im September durchhalten würde, wenn das Glück der Lodge anhielt. Die Reparatur oder der Austausch müsste im Werk vorgenommen werden, ein logistisches Problem von enormem Ausmaß, das durch die Tatsache, dass der Flussbargenverkehr beim Einfrieren eingestellt wird, in der Regel noch vor Halloween, noch dringlicher wurde.

Als der Generator ausfiel, meldete der Lodge-Manager den Vorfall sofort seinem Versicherer in Anchorage. Die Schadensreferentin dort war eine Frau, die bis heute eine meiner besten Freundinnen ist, Clare Hiratsuka. Der Ausfall des Generators und der potenzielle Einkommens-verlust stellten für diese alaskische Versicherungsgesell-schaft ein untragbares Risiko dar, so dass sie die Details des Schadenfalls sofort an ihren Rückversicherer melden musste. (Versicherungsgesellschaften brauchen auch Ver-sicherungen, wenn sie von Verlusten getroffen werden, die ihre Aktuare nicht vorhergesehen haben. Es gibt weltweit etwa 20 solcher finanzkräftige Rückversicherer, die meisten in Finanzzentren wie New York City, Zürich oder London, aber einige haben ihren Hauptsitz auch in Steueroasen wie Bermuda.)

Am Tag nach der Übernahme des Falls brach ich zu der notwendigen Reise mit Flugzeug und Boot auf, um die Ek-wok Lodge zu erreichen. Ein positiver Zufall war, dass mei-ne Deutschkenntnisse, die der Firma unbekannt waren, bei der Sachverhaltsermittlung von entscheidender Bedeutung sein würden.

Die Wettervorhersage für Dillingham war starker Regen, niedrige Wolken und gelegentlich böiger Wind - typisch für diese Jahreszeit. Im Büro bat ich meine vertrauenswür-digste Mitarbeiterin Joyce, mich für die nächsten Tage zu vertreten. Der Jet von Alaska Airlines konnte in Dillingham landen, aber der zweite Abschnitt der Reise nach Ekwok Village in einem Sechs-Sitzer war keine sichere Sache. In Dillingham machte ich mich auf den Weg über den von Pfützen übersäten Pfad zu einem Gebäude, in dem sich die Agentin für zwei Buschflugdienste befanden, die den Fluss hinaufflogen, sowie zu Dörfern in der entgegengesetzten Richtung wie Quinhagak am Kanektok River.

Mittags stand ich am Schalter des Luftverkehrsdienstes und bat die nette Agentin in ihrem Blumenmuster-Kuspuk, einem typischen Yup'ik-Anorak, mich für den Flug nach Ekwok einzuchecken. Sie sagte, es täte ihr leid, aber das gesamte Einzugsgebiet des Nushagak River sei wetterbedingt gesperrt. Sie bot mir Kaffee an und sagte mir, ich solle es mir auf einer der beiden rissigen Vinylsofas bequem machen. Sechs weitere Personen drängten sich in dem baufälligen Büro und warteten darauf, dass die Wolkendecke sich lichtete.

Die Monotonie wurde plötzlich durch ein unterhaltsames Schauspiel unterbrochen, als ein weißer zweimotoriger Firmenjet kreischend zur Landung ansetzte. Er trug keine Insignien außer den vorgeschriebenen Rumpfnummern, und nach seiner Annäherung durch die niedrige Wolkendecke zu urteilen, hatte er wahrscheinlich fortschrittliche Avionik an Bord, genau wie die großen Verkehrsflugzeuge. Zunächst rollte er zur anderen Seite der Landebahn, wo ich noch nicht einmal ein Wasserflugzeug bemerkt hatte, eine große, einmotorige Cessna, die hoch auf ihren Rädern stand und wartete. In der Ferne stiegen vier Personen aus dem Jet und kletterten sofort die Leiter hoch in die Cessna.

Ein Pilot der Cessna lud ihr Gepäck ein, dann startete sie und verschwanden bald in die Wolken hinein.

Im nächsten Teil der Show rollte der luxuriöse Jet auf unsere Seite des kleinen Flughafens und hielt vor dem Büro der Buschfluggesellschaft. Der Pilot und der Copilot, gekleidet in Krawatten und adretten Uniformen, die im ländlichen Alaska bizarr aussahen, kamen herein und gingen zur Dame am Schalter. Ich hatte mich mit ihr unterhalten und stand zufällig am Schalter, als die Männer unser Gespräch unterbrachen. Der Pilot zog eine American-Express-Karte heraus und kaufte Jet-Treibstoff im Wert von mehreren Tausend Dollar. Er erklärte, dass sie nonstop von St. Louis aus geflogen seien. Mir war nicht bewusst, dass kleine Jets wie dieser eine so große Reichweite hatten. Sie fragten, wo sie ihn parken könnten, vorzugsweise an einem Ort, wo sie für die nächsten zwei Wochen regelmäßig Zugang haben könnten. Ich fragte: „Also gehe ich davon aus, dass Ihre Passagiere in eine Lodge an einem See in Wood-Tikchik geflogen sind, richtig?" Sie erstarrten, sahen sich an und riefen dann: „Wir geben solche Informationen nicht weiter". Ich sagte: „Okay" und tat so, als sei nichts passiert.

Der Pilot fragte dann die Dame, wo sich die Autovermietung befinde und wo das Triple-A-Büro sei, damit sie eine Straßenkarte bekommen könnten. Sie starrte sie verständnislos an, also stellten sie die gleiche Frage an mich und fragten auch, ob ich ein gutes Hotel in der Nähe des Flughafens empfehlen könnte.

Ich begann zunächst: „Wissen Sie, wo Sie sind? Sie sind in Dillingham, Alaska, und es gibt hier kein Triple-A (entspricht etwa ADAC). Die einzige Tankstelle hat vielleicht eine Straßenkarte, aber ich bezweifle es. Wenn man hier in Dillingham ist, weiß man schon, wo man hingehört. Es gibt in der Stadt nur wenige Kilometer Straßen, von denen eine asphaltiert ist und 40 Kilometer bis zur Gemeinde Aleknagik führt. Das ist alles. Was Hotels betrifft, kenne ich zwei: eines in der Nähe eines Cafés und eines etwas näher am Flughafen". Da ich gelegentlich wegen Schadenfällen nach Dillingham kam, wusste ich, wo man bei der einzigen Pension mit Frühstück eines von ihren drei Autos mieten konnte. Im Notfall findet man auch etwas auf dem Schrottplatz.

Sie schnaubten und gingen zurück zu ihrem Jet. Ich ging zurück zu meinem Sofa und amüsierte mich mit dem Gedanken, was diese beiden Großstädter wohl zwei Wochen lang in Dillingham machen würden.

Zwei Stunden später teilte die Kuspuk-Dame den Wartenden mit, dass ein anderer Pilot gemeldet habe, dass sich das Wetter bessere. „Verbessern" bedeutete in dieser Situation einfach, dass sich der Bodennebel weit genug gehoben hatte, dass ein Flugzeug dem Fluss folgen konnte, während es knapp unter den Wolken flog.

Eine Yup'ik-Frau und ein Mann warteten darauf, weiter flussaufwärts nach New Stuyahok zu fliegen, und die Kuspuk-Frau sagte uns, wir würden einsteigen, sobald unser Pilot die Fracht verladen habe. Der junge Mann kam zur

Tür und rief: „Ein Passagier für Ekwok und zwei für New Stuyahok, bitte folgen Sie mir!" Weil ich lange Beine habe, setzte mich der Pilot neben sich nach vorne. Als er die beiden anderen hinten einlud, kippte das Flugzeug nach hinten auf das Heck. Unbeeindruckt öffnete der Pilot die Frachttür und lud etwa die Hälfte der Kisten aus. Er bemerkte: „Na ja, die müssen dann wohl bis morgen oder übermorgen warten".

Mit dem nun richtig ausbalancierten Flugzeug starteten wir in Richtung des nahegelegenen Nushagak-Deltas. Dann bogen wir flussaufwärts ab. Wir waren so nah an den tiefhängenden Wolken, die direkt über dem Fluss hingen, dass ich mir dachte, dass das Heck des Flugzeugs wahrscheinlich Kratzspuren in den Wolken hinterließ. Der Höhenmesser auf dem Armaturenbrett zeigte an, dass wir weniger als 200 Fuß (61 Meter) über dem Fluss waren. Es war so nah, dass ich sogar die Augen und Ohren der Karibus unten erkennen konnte.

Der Pilot landete sanft auf der Kiespiste in Ekwok, und ich machte mich vom Flugplatz auf den Weg zum Dock mit seinen hängenden Lachsnetzen und einer Ansammlung von kleinen Booten, von denen eines von der Ekwok Lodge kam, um mich im Ekwok-Dorf abzuholen.

Als ich ankam, waren die Lichter an, was mich verwirrte - war der Generator nicht zerstört? Außerdem waren die meisten Gäste wie üblich noch draußen auf dem Fluss und fischten. Einige Skiffs kehrten bereits zum Dock der Lodge zurück, beladen mit riesigen Königslachsen. Sie riefen mir auf Deutsch Grüße zu, und ich antwortete zurück. Ich fragte mich, welchen Notfall ich überhaupt untersuchen sollte.

Ein Großteil meiner Arbeit war bereits erledigt, da die deutschen Ingenieure einen detaillierten Bericht für mich geschrieben hatten, den ich als Referenz verwenden konnte. Meine einzige Aufgabe bestand später darin, im Büro alles ins Englische zu übersetzen. In der Lodge dauerte es nur etwa drei Stunden, um die erforderlichen Fotos und Messungen zu machen und meinen vorläufigen Feldbericht vorzubereiten. Auf ein Löwenbräu zu verzichten, um Papierkram zu erledigen, war meine einzige Schwierigkeit. Das Essen an diesem Abend bestand aus Hirschbraten mit Kartoffelklößen und gemischtem Salat, Rotkohl und Sahnetorte zum Nachtisch. Danach plauderte ich mit den Gästen bei Schnaps und Kleingebäck. Sogar die Zeitschriften auf den Kaffeetischen waren alle deutsch. Es war, als wäre ich in Deutschland und hätte neue Freunde gefunden. Gelegentlich blickte ich aus dem Fenster und wurde in die Realität zurückversetzt - ich betrachtete nicht die Allgäuer Berge, sondern die Schwarzfichtenwälder an den Ufern des Nushagak Rivers in Alaska.

Ich zog mich in mein Zimmer zurück und schlief bis zum Frühstück. Ich sollte an diesem Nachmittag ausfliegen, als das Postflugzeug im Dorf Ekwok eintraf. Doch wie ich vermutet hatte, würde an diesem Tag kein Flug stattfinden. Zu diesem Zeitpunkt war es mir nicht mehr fremd, wetterbedingt festzusitzen, und auch nicht, dass man manchmal kreativ werden musste, um einen Platz für die Nacht zu finden.

Im Dorf Kotlik an der Mündung des Yukon zum Beispiel hatte mir der freundliche Besitzer des Dorfladens erlaubt, eine der in Plastik verpackten Matratzen aus der Eisenwarenabteilung in den breitesten Gang des Ladens zwischen die Kartoffelchips und den Cap'n Crunch zu schleppen. In Upper Kalskag, am Kuskokwim, handelte ich mit dem Stadtschreiber um die Erlaubnis, in deren Ausnüchterungszelle schlafen zu dürfen, in der Hoffnung, dass sie die ganze Nacht über leer bleiben würde. Glücklicherweise fand eine freundliche Frau schließlich einen Platz für mich in einem Schiffscontainer, der zu einer Wohnung für Arbeiter des staatlichen Programms für sauberes Wasser im Dorf umgebaut worden war.

Im krassen Gegensatz dazu stand ich in der Ekwok Lodge vor der Aussicht, keine andere Möglichkeit zu haben, als Runde um Runde Gourmetküche zu konsumieren, begleitet von Pilsener Bier und Rheinwein, gefolgt von dunklem Kaffee und vielleicht einem Stück Schwarzwälder Kirschtorte. Und zum Frühstück und als Snack zwischendurch gab es immer Nushagak River Räucherlachs. Ich begann zu hoffen, dass ich dort eine Woche lang festsitzen würde.

Am zweiten Tag versuchte ich den VPSO von Ekwok Village, den „Village Public Safety Officer" (ein Polizei-ähnlicher Beamter) anzurufen, aber er befand sich im Urlaub und sollte erst in einer Woche zurückkehren. Als ich ihn zwei Wochen später von Anchorage aus telefonisch erreichte, hatte er kein Interesse daran, die Anschuldigung der Sabotage zu untersuchen. Ich vermutete, er wusste genau, wer das getan hatte.

218

Hirschbraten

Der dritte Tag in der Ekwok Lodge brach sonnig und ruhig an. Ich rief den Flugdienst in Dillingham über das Funktelefon der Lodge an, und sie arrangierten eine Abholung am Nachmittag. Nachdem ich mit dem Boot flussaufwärts zum Dorf Ekwok gefahren war, verabschiedete ich mich vom Skipper mit den deutschen Worten: „Auf Wiedersehen! Vielen herzlichen Dank!"

Ich ging von Bord und durch das Dorf den Hügel hinauf zur Schotterlandebahn. Nach ländlichen Alaska-Standards, wo stundenlanges Warten im Schnee oder Regen die Norm ist, ist es mir diesmal gut gegangen. Der lokale Witz für Leute wie mich, die oft mit kleinen Flugzeugen flogen, lautete: „If you've got time to spare, go by air". (Wenn du Zeit zu verschwenden hast, nimm ein Flugzeug.)

Zurück in Dillingham hatte ich zehn Minuten Zeit, um zum winzigen Terminal von Alaska Airlines zu rennen und mir einen Platz im Jet nach Anchorage zu ergattern. Ich würde rechtzeitig zum Abendessen in meinem Haus sein. Zu meiner Enttäuschung würde es sich um ein in der Mikrowelle aufgewärmtes „Lean Cuisine" handeln, kein Hirschbraten mit Rotkohl und Rheinwein.

Blut Pisse & Jubel   ALASKA

Kapitel 20

Eine Maus in den Kartoffelchips

In Anchorage gibt es zwei Costco-Filialen (Costco ist ein internationaler Großwarenhändler mit Sitz in Seattle), während Fairbanks und Juneau jeweils eine haben. In mehreren Ortschaften, die mit diesen Städten durch Straßen oder Boote verbunden sind, haben unternehmungslustige Einheimische unabhängige Geschäfte gegründet, die Lebensmittel von Costco weiterverkaufen. Sie fahren Hunderte von Kilometern, um einen Anhänger mit beliebten Artikeln zu beladen, und verkaufen sie dann zu Hause mit einem kleinen Aufschlag.

Im Jahr 1996 erhielt ich einen Auftrag von einer in Atlanta ansässigen Versicherungsgesellschaft, zusammen mit einem Anwaltsschreiben aus Valdez. Er behauptete, dass seine Mandanten Schaden erlitten hätten, weil sie eine Riesentüte Nalley Kartoffelchips beim örtlichen Costco-Händler gekauft hätten. (Costco selbst hatte mit der Angelegenheit nichts zu tun.) Als seine Mandanten in die Tüte griffen, zogen sie eine frittierte und gesalzene Maus heraus. Die Opfer waren nicht nur traumatisiert, weil sie das widerliche Ding angefasst hatten, sondern sie machten sich auch Sorgen um die Krankheiten, denen Nalley sie möglicherweise ausgesetzt hatte.

Mein erster Gedanke war: O, Gott! Das ist ländliches Alaska. Jeder andere hätte die tote Maus einfach dem Hund gefüttert und den Rest der Chips genossen. Natürlich war ich in meinem ersten Telefongespräch mit dem Anwalt vorsichtiger. Ich räumte ein, dass die Mandanten dieses Anwalts möglicherweise unter den von ihm beschriebenen Umständen gelitten haben könnten.

Der Anwalt hatte in seiner Vergleichsforderung noch keine konkrete Summe genannt. Es sah für mich so aus, als ob er herausfinden wollte, ob Nalley ihm Geld anbieten würde, um die Angelegenheit von den Nachrichten fernzuhalten. Wahrscheinlich rechnete er damit, dass Valdez eine Abteilung des Alaska Court Systems hatte. Wenn er Klage erheben würde - auch wenn sie am Ende als frivol eingestuft würde - würde es ernsthaftes Geld kosten, einen Anwalt aus Anchorage zu beauftragen, der den Fall in Valdez übernimmt. (Valdez liegt am Prince William Sund, 5,5 Stunden

Fahrt durch die malerischen Berge oder 50 Minuten Flug von Anchorage entfernt.)

Wie sich herausstellte, entschieden sich die Versicherungsgesellschaft und ihr Kunde, der Kartoffelchip-Hersteller, sich zu wehren. Der Anwalt sagte mir, dass die frittierte Maus in einer Schachtel im Kühlschrank seines Büros aufbewahrt werde. Er würde mir erlauben, sie zu sehen und zu fotografieren - aber nicht zu berühren oder zu erforschen -, wenn ich nach Valdez komme. Die Versicherungsgesellschaft wollte, dass ich mich auch mit seinen Mandanten treffe und sie vernehme, und Fotos von der Wohnung und dem genauen Ort mache, an dem die Kartoffelchips-Maus gefunden wurde. Der Anwalt stimmte den Bedingungen zu.

Eines Tages saß ich also in seinem Büro und hörte mir die tränenreiche Geschichte aus erster Hand von dem Ehepaar mittleren Alters an, das offenbar ziemlich oft riesige Tüten mit Kartoffelchips aß. Sie hatten fünf Tage lang aus dieser Tüte gegessen, die sie nach jedem Gebrauch mit einer Plastikklammer verschlossen, als sie auf die frittierte Maus stießen. Der Schock und der Ekel ließen sie beide erbrechen wollen. Sie sagten, sie befürchteten, sich an einer Krankheit anzustecken, weil sie das Ungeziefer angefasst hätten, aber sie seien noch nicht zum Arzt gegangen.

Nachdem die Mandanten das Büro verlassen hatten, holte ihr Anwalt den Beweis hervor. Es war ein kleines, mageres Tierchen, und es sah tatsächlich aus, als wäre es frittiert worden. Aber gleichzeitig stank es. Ich grübelte: Warum sollte ein Stück Tierfleisch, das industriell frittiert und gesalzen wurde, einen solchen Geruch absondern?

Als der Anwalt mich zu dem rostigen, einfachen Wohnwagen der Kläger in der Nähe der Landebahn des kleinen Flughafens Valdez brachte, sah ich, wo die Mandanten die Nalley-Tüte neben ihrem weich gepolsterten Lay-Z-Boy auf dem Boden vor ihrem riesigen Fernseher abgelegt hatten.

Nalley, ein im Pazifischen Nordwesten traditioneller Hersteller von sauren Gurken, Chili in Dosen und Kartoffelchips, befand sich einst im Stadtteil „Nalley Valley" von Tacoma, Washington. Bevor das Unternehmen von einem riesigen Lebensmittelunternehmen übernommen wurde, hatte es sich wegen seiner unhygienischen Verfahren verschiedenen Beschwerden ausgesetzt gesehen. Diese Tatsache machte eine frittierte Maus in einer Chipstüte etwas plausibler.

Als die große Nalley-Tüte jedoch in Valdez landete, befand sich das Unternehmen auf einem anderen Weg. Alle Kartoffelchips wurden in einer Multimarkenfabrik in Salt Lake City, Utah, hergestellt, wo unabhängig von der Verpackung viele verschiedene Marken genau dasselbe Produkt herstellten. Da Nalley-Produkte in den Schränken von Generationen von Bewohnern der Bundesstaaten Washington, Oregon und Idaho eine herausragende Rolle gespielt hatten, vermarktete der Konzern seine für den Pazifischen Nordwesten bestimmten Massenkartoffelchips unter der Marke Nalley, um von der Kundentreue zu profitieren.

Während der Anwalt darauf bestand, dass die Lebens-
form in der Tüte tatsächlich eine Maus sei, war ich mir
nicht sicher. Ich wollte, dass sie taxonomisch identifiziert
wird, und erklärte der Versicherungsgesellschaft meinen
Verdacht über die Probe, die die Behauptung des Anwalts
ungültig machen könnte. Ich fragte mich, ob die Tüte mit
den Chips vielleicht einfach offen auf dem Teppich neben
dem Lay-Z-Boy gelegen hatte und ein einheimisches Nagetier hineingeklettert war, um seinen eigenen Snack zu genießen. Als die Tüte wieder verschlossen wurde, könnte das
Tier auf den Boden gefallen sein, wo es aufgrund des Salzes
zuerst verdurstete. Sein Körper wäre dann ausgetrocknet
und seine Hautoberfläche mit Pflanzenöl gesättigt worden.

Die Versicherungsgesellschaft sagte mir, ich solle mit der
Identifizierung fortfahren. Als Hintergrund: 1993 gab es
einen Ausbruch des Hantavirus in der Hirschmauspopu-
lation in den vier Bundesstaaten Utah, Colorado, New
Mexico und Arizona im amerikanischen Südwesten. Die
Krankheit wurde ernst genommen, weil sie letztendlich
Menschen infizieren konnte, und die Angst vor einer Über-
tragung hatte Bundesmittel für die Erforschung wilder
Populationen kleiner Nagetiere, die die meisten Menschen
als „Feldmäuse" bezeichneten, ausgelöst. Zum Zeitpunkt
der Untersuchung der Kartoffelchip-Maus liefen an zwei
amerikanischen Universitäten Forschungsprojekte zur
Untersuchung von Kleinnagern. Eine davon war zufällig
die University of Alaska Fairbanks (UAF).

Als ich den Anwalt aus Valdez am Flughafen Anchorage
traf, hatte er die tote „Maus" in einem Styroporbehälter. Ich

witzelte, dass dies sein „Carrion Luggage" (Aas-Gepäck), ein Wortspiel auf das gleichklingende „Carryon Luggage" (Handgepäck) sei. Er presste ein unruhiges Lachen heraus und wir bestiegen den 40-minütigen Alaska Airlines Flug nach Fairbanks.

Das Nagetierforschungsprojekt befand sich im Unterge-schoss des riesigen UAF-Museums, einem Ort mit Raum um Raum mit Tabletts auf Tabletts, die Proben enthielten. Im Hauptbereich arbeiteten etwa 20 Mitarbeiter und eh-renamtliche Biologen daran, verschiedene tote, mausähn-liche Kreaturen aus ganz Nordamerika zu identifizieren. Trotz großer Lüftungsventilatoren schlug uns der Gestank fast sofort nach dem Betreten entgegen. Aber das war nichts im Vergleich zu dem Geruch, der aus hundert Metern Ent-fernung kam, wo in einem speziellen Gehege tote Nage-tiere für Maden zum Fressen ausgelegt waren. Nach ein paar Tagen waren das Ergebnis Skelette, die die Forscher dann montieren, beschriften und in Archivierungstabletts ablegen konnten.

Der junge Professor, der das Rodentientaxonomie-Pro-gramm leitete, hatte sich bereit erklärt, uns eine zertifizier-te Identifizierung unseres Nagers im Austausch für einen Beitrag zum Programm zur Verfügung zu stellen. Darüber hinaus wollte er das Exemplar behalten, bis alle Arbeiten abgeschlossen waren; und er bestätigte schriftlich, dass es in keiner Weise berührt oder verändert werden würde. Nach einigen Tagen erhielten sowohl der Anwalt in Valdez als auch ich das Dokument.

Das Tierchen, das wir ihm gebracht hatten, war eine

ausgetrocknete „Dusky Shrew" (Feldspitzmaus). Dieses Nagetier war in den Chugach Mountains, wo Valdez liegt, häufig, aber durch einen bizarren Zufall auch in den Wasatch Mountains, wo Salt Lake City liegt. Während wir jetzt die Art der Maus kannten, waren wir der Frage, woher der kleine Kerl tatsächlich stammte, keinen Schritt nähergekommen.

Der Direktor des UAF-Programms schlug vor, dass der nächste logische Schritt eine DNA-Analyse sei, dies würde jedoch bedeuten, dass eine kleine Gewebeprobe entnommen werden müsste. Der Anwalt stimmte zu. Ein paar Tage später bekam ich einen Anruf. Der Direktor sagte, sie hätten offensichtlich nicht sorgfältig genug bei der Probenahme des Fleischs der Feldspitzmaus gearbeitet, da die DNA-Analyse mehr über die Zusammensetzung des Pflanzenöls als über die Spitzmaus enthüllte. Sie entnahmen eine tiefere Probe und versuchten es erneut.

Diesmal war die Analyse gültig. Das DNA-Profil zeigte, dass die Feldspitzmaus 82-mal ähnlicher mit denen in den Chugach Mountains Alaskas war als mit denen, die in Salt Lake City herumhuschten. Der UAF-Professor sagte mir, er würde dem Anruf eine schriftliche, eidesstattliche Erklärung folgen lassen. Ich dachte mir: Wenn diese Feldspitzmaus es geschafft hätte, in eine Kartoffelchiptüte in Utah zu gelangen, hätte sie eine lange Flugreise von Alaska dorthin machen müssen.

Ich rief die Versicherungsgesellschaft und dann den Anwalt an, um ihnen die Neuigkeiten mitzuteilen. Er sagte, er werde seine Mandanten benachrichtigen und eine schriftliche

Bestätigung seines Rücktritts aus dem Fall schicken. Er bemerkte, dass er nicht nach Fairbanks fliegen würde, um das Aas abzuholen.

Am Ende landete unsere Feldspitzmaus, die die außerordentliche Ehre hatte, zwischen einem Anwalt und einem Sachverständigen im Passagierraum eines Alaska Airlines Jets zu fliegen, in den Forschungsarchiven der UAF. Selbst wenn sie es könnten, bezweifle ich, dass sich die hungrigen Maden, denen die Spitzmaus verfüttert wurde, über das hinzugefügte Salz und das Speiseöl beschwert hätten.

Kapitel 21

Wie eine fallengelassene Wassermelone

Wenn der Regen in Ketchikan seitwärts peitscht, wählen die meisten Kreuzfahrtpassagiere lieber eine Busfahrt, anstatt sich in den kitschigen Plastik-Regenponchos, die ihnen ausgehändigt werden, auf die Straße zu wagen. Die Passagiere aus den Bundesstaaten Oregon und Washington und der kanadischen Provinz British Columbia sind jedoch die Ausnahme: Sie bringen Regenjacken, Regenhosen und sogar GORE-TEX-Wanderschuhe mit.

Ganz oben auf der Liste der wettergeschützten Ausflüge, um möglichst viele Kreuzfahrer anzusprechen, steht Ketchikans Flotte von Duck-Booten. Diese ehemaligen

Amphibien-Landeboote des Militärs wurden zu mit Plexi-
glas umschlossenen, beheizten Ausflugsbooten umgebaut,
und sie sind riesig. Vor den Ereignissen in diesem Kapitel
des Buches fuhren die Duck-Boote regelmäßig direkt bis
an die Baken der Kreuzfahrtschiffe, damit die Passagiere
Wind und Regen vermeiden konnten.

Wie üblich an einem hypertrüben Tag mitten im Sommer
fand die erste Hälfte der Duck-Boot-Tour auf den Straßen
von Ketchikan und in der umliegenden Waldparkland-
schaft statt. Der Höhepunkt der Fahrt war, als die Amphi-
bienboote zurück in die Innenstadt zum Aussichtspunkt
am kleinen Bootshafen fuhren und einen Blick auf die ek-
lektische Mischung von Fischerbooten boten, die dort zwischen den kommerziellen Öffnungszeiten auf dem Meer
angedockt waren.

Dort setzte der Fahrer des Duck-Bootes seine Kapitäns-
mütze auf und steuerte das Amphibienfahrzeug hinunter
über eine Betonrampe ins Wasser neben Trolling-, Ring-
waden- und Kiemennetzfischern. Während das Duck-Boot
sanft auf dem Wasser schaukelte, schaltete der Kapitän die
Motorleistung auf die Propeller um, und alle fuhren los.
Vorbei am Wellenbrecher, der den kleinen Hafen schützte,
drehte das Duck-Boot für eine Fahrt den Tongass Narrows
hinauf und hinunter auf. Es fuhr am Terminal des Alaska Marine Highways vorbei, passierte Frachtschiffe und
Kreuzfahrtschiffe und manövrierte um die Shuttlefähre
zum Flughafen herum.

Am Ende des Salzwasserabschnitts der Reise kehrte das
Duck-Boot zum kleinen Bootshafen zurück, und der

Kapitän führte den umgekehrten Vorgang durch. Nachdem er das Boot mit einem letzten Stoß der Propeller an der Fischerflotte vorbeigebracht hatte, berührten die Räder des Duck-Bootes den Beton, und in einem schnellen Wechsel wurde der Kapitän wieder zum Fahrer. Der Dieselmotor brüllte, und das Duck-Boot tauchte wie ein springender Wal aus dem Wasser auf. Sofern es nicht stark regnete - wie an diesem Tag - hielt das Boot auf dem Parkplatz, damit ein Bediensteter das Salzwasser von den Rädern abspritzen konnte.

Die Tour war fast vorbei, und bald würde es einen direkten Weg zurück zum Schiff geben. Das riesige Gefährt bog um die Ecke und fuhr nach Süden zur Front Street und dann direkt auf das Kreuzfahrtschiffdock hinaus. Die Passagiere begannen, ihre Kameras und Pausenbrote in ihren Rucksäcken zu verstauen. Sie würden nur kurz den Elementen ausgesetzt sein, da der Fahrer versuchen würde, die Ausstiegstreppe des Duck-Bootes so nah wie möglich an den Einstiegsbereich ihres Schiffes zu bringen.

Inzwischen war an der Ecke der Front Street, die an das Kreuzfahrtschiffdock grenzt, eine zierliche Frau aus dem Bundesstaat Illinois einkaufen gegangen. Sie trotzte den Elementen in ihrem gelben Plastikponcho, um in einen Souvenirladen zu gehen und, wie ein Ladenbesitzer später berichtete, Geschenke für ihre Enkelkinder zu kaufen. Nachdem sie aus der Tür des ersten Ladens gekommen war, ging sie in Richtung eines anderen Ladens auf der gegenüberliegenden Seite der Front Street. In der rechten Hand hielt sie eine Plastiktüte mit ein paar T-Shirts und einem

Plüsch-Elch für Kinder, während sie mit der linken versuchte, den windgepeitschten Poncho aus ihrem Gesicht
zu halten. Das Duck-Boot auf großen Rädern bewegte sich
jetzt so langsam, dass der Motor fast lautlos war; und auch
wegen des Windes und Regens konnte es die Dame aus
Illinois höchstwahrscheinlich nicht hören.

Der Fahrer sah, dass der Einstiegsbereich des Kreuzfahrt-
schiffes nur noch 60 Meter entfernt war und sich rechts
befand. Er saß hoch oben und blickte über den Bug, hatte
einen großartigen Blick auf das Dock, aber der Bug machte
es unmöglich festzustellen, was direkt darunter und vor ihm
war. (In den darauffolgenden Jahren wurden die Duck-Boote mit Außenbordspiegeln und Fernkameras ausgestattet.)
Die Frau trat auf die Straße. Der Fahrer spürte etwas, das
an einen winzigen Geschwindigkeitshügel erinnerte, und
eine Welle des Entsetzens rollte über ihn hinweg; er wusste,
dass der Beton dort glatt war. „Oh, mein Gott, Nein! Nein!
Nein!" Er bremste und forderte die Passagiere auf, sitzen zu
bleiben, während er die Leiter ausfuhr, um auf den Bürger-
steig hinabzusteigen.

Die vorhergehenden Details stammen aus Augenzeugen-
berichten, aber das Folgende basiert auf einem Video, das
am Tatort aufgenommen wurde. Das Ketchikan Visitors
Bureau in der 131 Front Street hatte eine Überwachungs-
kamera auf der Außenseite des ersten Obergeschoßes mon-
tiert. Zufällig war sie zu diesem Zeitpunkt auf die Stelle gerichtet, an der die Frau begann, die Straße zu überqueren.

Zuerst traf sie der Bug des Duck-Bootes am Kopf, und dann
fiel sie auf den Beton der Straße, wo das rechte Vorderrad

über ihren Schädel rollte. Es knallte wie eine Wassermelone, die von der Ladefläche eines Lastwagens gefallen war. Was einst die Essenz eines Menschen war, wurde in einem Moment zum Morast aus Schädelfragmenten, Gehirnmasse und Blut.

Kurz darauf trafen die EMT-Sanitäter ein; die Feuerwache war in der Nähe. Das Schiff schickte Besatzungsmitglieder mit Decken, um eine Wand um die grausige Szenerie zu bilden und sicherzustellen, dass Passagiere, die vom Duck-Boot oder die Laderampe des Schiffes herunterkamen, nicht sehen konnten, was passiert war. Auch die Polizei von Ketchikan war vor Ort. Es gab ein paar Passanten, die sahen, was passiert war, aber keiner an Bord des Duck-Boots wusste etwas Genaues, außer dass der Fahrer ihnen gesagt hatte, sie sollten nicht aus ihren Sitzen aufstehen, nachdem er entsetzt geschrien und das Fahrzeug zum Stehen brachte.

Todesfälle sind aus Sicht eines Sachbearbeiters relativ einfach. Es gibt keine Rechnungen für medizinische Behandlungen und natürlich keine Vernehmungen mit dem Verstorbenen. Nachdem ich meinen Bericht, einschließlich der aufgezeichneten Interviewzusammenfassungen, an den Anwalt der Versicherung des Duck-Bootes geschickt hatte, war meine Arbeit getan.

Das Gerangel zwischen mehreren Anwaltskanzleien hatte jedoch gerade erst begonnen. Die Stadt Ketchikan stand wegen angeblich mangelhafter Dockgestaltung im Kreuzfeuer. Auch das Kreuzfahrtschiff soll eine Mitverantwortung getragen haben, da es die Tour an Bord verkauft hat, trotz des Schutzes durch seine anwaltlich gestaltete, im

Grunde bombensichere Haftungsfreistellung im Kleinge-
druckten der Tickets. Der Fahrer machte den Job so, wie
er ihn immer gemacht hatte, aber trotzdem versuchten die
anderen Anwälte, ihm den Löwenanteil der Schuld zuzu-
schieben. Glücklicherweise hatte die Duck-Boot-Gesell-
schaft hohe Haftungsgrenzen in ihrer Versicherungspolice,
was bedeutete, dass ihre weitere Existenz als Unternehmen
durch die wahrscheinlich hohen Zahlungen zur Beilegung
des Schadensfalls in der Zukunft nicht gefährdet wäre.

Von Ketchikan aus nahm ich den Abendflug zurück nach
Anchorage. Nach Zwischenstopps in Sitka und Juneau ser-
vierte Alaska Airlines das Abendessen. Eine Gesundheits-
krankenschwester saß neben mir, und wir tauschten uns
darüber aus, wie gut das Essen für Flugzeugessen eigentlich
war. Meine Untersuchung war wie immer vertraulich, also
erzählte ich ihr nicht, warum ich in Ketchikan gewesen
war. Zufälligerweise begannen wir über die schnelle Trennung der Sinne zu sprechen, wenn ein Unfall das Gehirn
zerstört. Ich dachte an die Dame aus Illinois. Sie könnte
darüber nachgedacht haben, wie sehr ihren Enkelkindern
ihr neuer Plüschtier-Elch gefallen würde, als für sie plötzlich die Lichter ausgingen.

Kapitel 22

Nicht alle Engel haben Flügel.

Seit seiner Gründung im Jahr 1915 ist das Mount-Marathon-Rennen in Seward am 4. Juli (dem amerikanischen Unabhängigkeitsfeiertag) immer beliebter geworden. Heute zieht es Tausende an, in einen Bundesstaat, in dem es gar nicht so viele Tausende gibt. Laufzeitschriften bezeichnen es als „das härteste 5-Kilometer-Rennen der Welt".

Normalerweise starten die Junioren um 9 Uhr morgens, die Frauen um 11 Uhr und die Männer um 14 Uhr. Die Bergläufer verlassen die Startlinie an der Ecke von der Fourth-Avenue und Adams-Street vor der First National Bank Alaska. An diesem Punkt befindet sich der Start nur etwa 10 Meter über dem Meeresspiegel; die nur in perfekter Form zugelassenen Sportler laufen, klettern, kriechen und steigen auf den 921 m hohen Gipfel und drehen dann sofort um, um abzusteigen – einige von ihnen scheinen dabei zu stürzen, andere tun es tatsächlich. Die Fittesten schaffen die 3,1 Meilen lange Runde in weniger als 45 Minuten.

Entlang der Route aus der Stadt und hinauf in die unteren Bereiche des Berges reihen sich die Fans und Partygänger. Für viele der Zuschauer beginnt das Saufen zur Mount Marathon-Feierlichkeiten bereits in den Tagen vor der Veranstaltung. Zu dieser Zeit arbeiten die EMT-Sanitäter und die Ärzte in der Notaufnahme des Providence Seward Medical Centers auf Hochtouren: Feiernde fallen von ihren kleinen Geländewagen, stürzen ins Lagerfeuer, sprengen sich mit Knallkörpern die Finger ab, ertrinken im großen Fluss fast oder tatsächlich. Außerdem kommen jede Menge Leute mit Magen-Darm-Problemen, die auf Versehen wie das Stehenlassen des Kartoffelsalats über Nacht außerhalb des Kühlschranks zurückzuführen sind. Aber noch schlimmer als all das sind die Verkehrsunfälle auf der Seward Highway.

Nach jahrzehntelangen Kampagnen gegen Alkohol beim Autofahren am Silvesterabend wissen die meisten, dass man an diesem Feiertag zu Hause bleiben, im Hotel übernachten oder ein Taxi nehmen sollte. Aber der 4. Juli ist exponentiell blutiger. Während die Unfälle an Silvester meist nicht mit hoher Geschwindigkeit passieren und in der Regel innerhalb einer 10- bis 20-minütigen Fahrt von städtischen Krankenhäusern entfernt stattfinden, sind die

Nicht alle Engel haben Flügel.

Unfälle am 4. Juli das Gegenteil. Campingplätze befinden sich gewöhnlich an schmalen, kurvenreichen, zweispurigen Berg- oder Küstenstraßen. Und die Leute warten oft nicht, bis sie sicher auf dem Campingplatz sind, um ein kaltes Bier zu öffnen.

Seward ist drei Stunden mit dem Auto von Anchorage entfernt – auf einer Schnellstraße, die aber doch größtenteils nur zweispurig ist. Dies ist eine der landschaftlich reizvollsten Routen in Alaska, was sie bei Touristen, Skifahrern und Schneemobilfahrern im Winter beliebt macht. Aber sie ist auch eine wichtige Handelsader. Zuerst führt sie am Gezeitenwasser der Bucht Turnagain Arm entlang nach Girdwood und zum Mount Alyeska und dann zur Abzweigung nach Whittier. Sie biegt in die andere Richtung ab und steigt schließlich steil in die Berge der Kenai-Halbinsel an.

Die Seward Highway führt vom Salzwasser bis zum Turnagain Pass hinauf. Es gibt zwei Fahrspuren, die hochführen, aber hinunter in die Gegenrichtung gibt es nur eine. Im Sommer ist dieser Abschnitt der Straße unterhalb des Turnagain Passes einer der regenreichsten Gebiete auf der ganzen Kenai-Halbinsel. Scheibenwischer werden sowohl durch den Regen vom Himmel als auch durch das Spritzwasser entgegenkommender Autos und Lastwagen stark beansprucht.

In einigen Jahren enden die Mount-Marathon-Rennen in der Mitte des Feiertagswochenendes, so dass der Verkehr zurück nach Anchorage und Mat-Su sich auf mehr als einen Tag verteilen kann. Dieses Jahr war dies nicht der Fall, und der Verkehr war dicht.

Ein kalter Regen fiel in Strömen und der Verkehr füllte die einzige Abfahrtsspur. Ungeduldige Fahrer schwenkten über die markierte Mittellinie, um zu überholen. Außerdem war die Straße so nass vom Regenwasser, dass Bäche den Asphalt hinunterflossen.

Ein Ehepaar in den Zwanzigern war auf dem Weg zurück nach Anchorage und der Mann am Steuer versuchte, langsam genug zu fahren, damit sein Auto in der einzelnen Abfahrtsspur nicht ins Schleudern geriet. In einer Gischtwelle raste links ein Camaro mit vier ungeduldigen Teenagern an ihnen vorbei, um zu überholen, und raste illegal die links bergauf führende Spur hinunter, was die Sicht für diejenigen, die normal bergab fuhren, weiter einschränkte.

Sowohl der Mann als auch seine Frau waren erschrocken, und sie kreischte: „Schatz, die werden sterben!" Er sagte: „Beruhige dich, es wird ihnen gut gehen". Sie zitterte, als sie wiederholte: „Nein, sie werden sterben!" So schnell, wie der Camaro auf sie zugekommen war, verschwand er in der stürmischen Halbdunkelheit.

In der Zwischenzeit fuhr auf der anderen Seite der Seward Highway, in der rechten Fahrbahn, nah an den Felsen, eine Mutter und ihre 5-jährige Tochter im Familien-Winnebago nach Soldotna nach Hause. Sie hatten das Feiertagswochenende über im Mat-Su gecampt. Papa hatte nicht mitkommen können, da er für die Arbeit an den Ölplattformen am North Slope eingeplant war. Mit etwa 25 Stundenkilometern rumpelte der Winnebago gegen die Regenflut bergauf.

In einem Augenblick zwischen den Wischbewegungen der

Nicht alle Engel haben Flügel.

Scheibenwischer, sah die Mutter Scheinwerferlichter, dann Bremslichter und dann wieder Scheinwerfer im Regen vor sich auftauchen. Sie war bereits auf der rechten Spur, aber sie ließ das Gas los und versuchte, noch näher an die Felsböschung zu steuern.

Es war vergeblich. Der ins Schleudern geratene und schlingernde Camaro prallte frontal gegen den Winnebago. Der Camaro tauchte tief in den Motorraum des Wohnmobils ein, was bedeutete, dass der Fahrer wahrscheinlich im letzten Moment auf die Bremse getreten war. Mutter und Tochter saßen höher, so dass die Wucht des Aufpralls hauptsächlich unter ihnen hindurchging. Allerdings traf es die Füße der Mutter. Es gab einen augenblicklichen, sengenden Schmerz, als beide Knöchel brachen, während fast gleichzeitig eine Wand aus Flammen - eine höllische Szene - vor ihnen ausbrach, wo Sekunden zuvor der Camaro gewesen war. Die intakte Windschutzscheibe schützte sie vorerst vor Feuer und Rauch.

Das Mädchen schrie: „Mama, Mama!" Und die ersten Worte, die aus deren Mund kamen, waren: „Du rufst jetzt sofort Jesus an". Also schnallte sich dieses kleine Mädchen, das glücklicherweise unverletzt geblieben war, den Sicherheitsgurt ab, rutschte auf den Teppich und kniete sich neben ihren Sitz. Sie senkte den Kopf und bat Jesus um Hilfe.

Das junge Paar sah den nahegelegenen Feuerball. Sie hielten an, sprangen heraus und waren als Erste am Unfallort. Innerhalb von Sekunden sahen sie, dass der gesamte Camaro in Flammen stand. Die junge Frau begann, ihre eigenen Gebete zu sprechen, durchzogen von Tränen und

Angst. Keiner von ihnen konnte sich der sengenden Hitze des Camaro nähern; sie gingen ein paar Schritte weiter zum Wohnmobil, das jetzt ebenfalls in Flammen stand.

Durch ihre Tränen konnte die junge Frau die Gestalt der Mutter hinter dem Lenkrad des Winnebagos erkennen. Flammen und Rauch von unterhalb des Chassis begannen die Länge des Wohnmobils zu verdecken. Dann geschah, wie sie mir später in ihrer aufgezeichneten Vernehmung erklärte, etwas Unglaubliches. Das Inferno und der Rauch auf der linken Seite des Wohnmobils hielten inne, und sie sah in der Blechverkleidung eine Öffnung, die groß genug war, um sie leicht zu betreten. Ohne einen Moment an ihre eigene Sicherheit zu denken, stürmte sie hinein, packte die Mutter und zog sie auf den nassen Asphalt, wobei sie dem Mädchen befahl, ihr zu folgen. Sie und ihr Mann zerrten sie dann so vorsichtig wie möglich weiter nach unten, etwa eine Wagenlänge hinter die hintere Stoßstange des Wohnmobils.

Kurz darauf kamen andere Passanten mit Planen, Mänteln und Parkas zum Unfallort. Nach ein paar Minuten explodierten die beiden Propanbehälter des Winnebago, die sich auf der rechten Seite des Fahrzeugs in Richtung der Klippe befanden. Das brennende Wrack kippte gewaltsam auf die linke Seite, wo sich die Gruppe Minuten zuvor befunden hatte.

Die Feuerwehr, Notfallwagen und EMT-Sanitäter kamen aus Girdwood, 20 Minuten entfernt. Alle vier Teenager, die in dem Camaro fuhren, kamen ums Leben. Das Fahrzeug wurde durch den Zusammenstoß und das Feuer so dezimiert, dass bei der Löschung nur noch vier verkohlte Leichen zu sehen waren. In dem Polizeibericht sagte der Beamte, dass kein Toxikologie-Test durchgeführt wurde, da dies nicht durchführbar sei, aber der Bericht sagte auch, dass Alkohol und/oder Drogen offenbar zu der hohen Geschwindigkeit und dem außer Kontrolle geratenen Aquaplaning geführt hatten.

Die Krankenversicherung des Winnebago würde sich um die Verletzungen der Mutter kümmern. Der Camaro war unversichert, und die Kfz-Versicherung des Wohnmobils für Schäden durch nicht versicherte Autofahrer und Personenschäden (zu Englisch: UM-PD und UM-BI) sprang ein, um alles andere zu regeln. Ich habe nie mehr etwas über die vier Teenager erfahren. Es muss sicherlich trauernde Eltern gegeben haben, aber in meinem Job habe ich selten etwas von solchen „nebensächlichen" Dingen erfahren.

Ein paar Tage nach der Tragödie kam das junge Paar in mein Büro, um Zeugenaussagen zu machen. Oft leiden Menschen, die eine tödliche Verletzung aus nächster Nähe gesehen haben, unter emotionalen Traumata. Diese beiden schienen jedoch alles gut überstanden zu haben. In ihren Geschichten erklärten sie lediglich, dass sie taten, was sie tun mussten. Wir beendeten das Gespräch, und ich dankte ihnen, während ich sie zum Aufzug begleitete. Als sich die Türen hinter ihnen schlossen, sagte ich mir: „Anscheinend haben nicht alle Engel Flügel".

Kapitel 23

Blut auf dem Ptarmigan Peak

In Kapitel 4 erzählte ich von meiner ersten echten Begegnung mit Blut bei einem Bergunfall, und das war im Alter von 14 Jahren. Spulen wir nun ins Jahr 1997 vor. Zeitgleich mit meinem 50. Geburtstag fand ich mich mit viel mehr Blut konfrontiert, das aber ebenfalls von jungen Bergsteigern vergossen wurde. Bei einem einzigen Unfall hatten 14 Bergsteiger entweder stark geblutet oder waren ums Leben gekommen. Zwei Mitglieder der Gruppe waren Ausbilder, während die anderen zwölf als Studierende im Kursus AWS 105 „Alaska Wilderness Studies Basic Mountaineering", einem Angebot der Sportwissenschaftlichen Fakultät der University of Alaska Anchorage (UAA), eingeschrieben waren. Der Campus der Universität bietet eine oft fotografierte Aussicht auf die Front Range der Chugach Mountains, die nur wenige Kilometer entfernt am Rande der Stadt liegen.

Die Halbinsel Anchorage wird vom Salzwasser des Knik Arms und des Turnagain Arms im Südwesten, Westen und Nordwesten begrenzt. Auf der anderen Seite der Stadt wird sie von den Chugach Mountains eingezäunt. Die Gipfel, die der Stadt am nächsten liegen, sind Zwerge im Vergleich zum Rest der Bergkette, aber sie sind beeindruckend, weil sie sich fast auf Meereshöhe erheben. Der Ptarmigan Peak (1.509 m, Coverfoto dieses Buches) liegt 25 km von der Innenstadt entfernt und ist ein alpines Juwel. Der Chugach National Forest, der sieben Millionen Hektar umfasst, ist ungefähr so groß wie das Bundesland Brandenburg. Hier, gar nicht weit von den Anchorage-nahen „Hausbergen", gibt es dutzende von Riesengletschern und Gipfeln, die bis auf 4.000 m ragen.

Im Jahr 1970 legten die Bürger von Anchorage eine Petition bei der US-Bundesregierung vor, den Chugach State Park aus dem Chugach National Forest herauszuschneiden, um Anchorages eigenen Hinterhofspielplatz zu schaffen. Ihre Arbeit wurde mit der Taufe des 495.000 Hektar großen Chugach State Park belohnt.

Kurz nach dem längsten Tag des Jahres 1997 traf den Park eine große Tragödie. Die Katastrophe dezimierte das Bergsteigerprogramm der UAA. Aber bevor ich Ihnen davon erzähle, möchte ich Ihnen von einer Geburtstagsparty erzählen. Meiner.

Laut den Prognosen des Virginia Mason Hospitals in Seattle sollte ich am vierten Juli, dem großen Feiertag, geboren werden. Aber der Gynäkologe hatte andere Pläne. Er wollte ein dreitägiges Wochenende und löste daher am Abend des dritten Julis die Wehen aus.

Als Kind bedeutete ein Geburtstag am dritten Juli, dass ich nie am eigentlichen Geburtstag eine Party hatte, da alle immer woanders unterwegs waren. Mir ging es jedoch gut; Geburtstagstorte und Geschenke zusammen mit Feuerwerkskörpern, Hotdogs, hausgemachtem Brathähnchen vom Bauernhof und Sauerkirschkuchen. Und all das wurde mit dem Herumtollen auf dem Kissenbasalt an den Deschutes River Wasserfällen kombiniert. Es gab auch das Sprengen von Douglasien-Rindenbooten im Wasser mit Feuerwerkskörpern und das Schwimmen in tiefen Pools, die so klar waren, dass man die Bergforellen 5 Meter unter den Zehen sehen konnte. Was könnte ein Kind mehr wollen? Trotzdem hatte meine Mutter Jahr für Jahr Schuldgefühle, weil ich an meinem Geburtstag nie eine Party bekam. Mütter sind wohl so lustig.

Aber zu meinem 50. Geburtstag beschloss Mom, die Dinge ein für alle Mal in Ordnung zu bringen. Im März desselben Jahres verschickte sie schriftliche Einladungen an alle meine Verwandten. Nun, eigentlich keine Einladungen, sondern Befehle. Es wird eine Geburtstagsparty am 3. Juli für Kristian geben, der zu dieser Party von Alaska einfliegen wird. Plant im Voraus! Seid dabei! Keine Ausnahmen! Keine Ausreden! 3. Juli 1997, 14 Uhr, in der Erickson-Eigentumswohnung in Panorama City in Lacey, Washington.

Am 28. Juni 1997 starteten 12 Studenten, die in AWS 105 eingeschrieben waren, mit ihren beiden Dozenten vom Glen Alps Trailhead aus. Sie waren auf einer Wanderung zu dem Ort, an dem sie am Fuße des Ptarmigan Peak ein Basislager aufschlagen würden - eine Praxisübung, da der Gipfel so nah am Parkplatz lag, dass die Bergsteiger den gesamten Berg an einem einzigen Tag besteigen konnten. Ihre bunten Zelte standen auf einer Wiese unterhalb des riesigen Nordcouloirs, das sich wie ein mit Schnee gefüllter Aufzugsschacht, aber doch kurvig bis zum Gipfelgrat hinaufzieht.

Am frühen Sonntagmorgen, dem 29. Juni, frühstückte die 14-köpfige Gruppe und brach mit Seilen, Eispickeln und Eiskletterwerkzeugen in der Hand auf. Die meisten trugen eine von zwei Arten von Schneesicherungen aus Aluminium, entweder lange Schnee- und Eispfähle oder Schneeankerplatten. Insgesamt gab es vier Kletterseile, und die 12 Kursus Studenten und zwei Lehrer wurden in Vierer- und Dreiergruppen entsprechend ihrer Kletterstärke aufgeteilt. Da nur zwei Lehrer anwesend waren, fehlte zwei Seilschaften ein erfahrener Kletterer. Eine der wichtigsten Fähigkeiten, die bereits in ihrem Lehrbuch, dem „Mountaineering: Freedom of the Hills", besprochen und durch praktische Erfahrungen gefestigt wurde, ist die Selbstsicherung: eine

Technik, bei der man sich beim Fallen auf Schnee oder Eis zunächst daran hindert, zu stürzen und dann seinen Körper so ausrichtet, dass der Eispickel in den Schneehang des Berges gestochen werden kann, und der Adze oben neben dem Hals liegt. Die Idee ist es, sich selbst zu stoppen, wieder auf die Füße zu kommen, seine Ausrüstung zu richten, seine Selbsteinschätzung anzupassen und den Aufstieg fortzusetzen. Die an diesem Tag auf dem Ptarmigan Peak Versammelten hatten diese Selbstrettungstechnik schon öfters an weniger steilen Hängen geübt.

Der Aufstieg an diesem warmen und sonnigen Tag verlief langsamer als geplant. Am Morgen war der Schnee fest, aber im Laufe des Tages wurde er matschig. Auf dem Gipfel gegen 15 Uhr waren die Studierenden müde. Sie hatten gehofft, bis 17 Uhr zurück zum Glen Alps Trailhead zu gelangen, aber das wäre jetzt unmöglich. Einige machten sich Sorgen um Mitfahrgelegenheiten, andere um die Glückwunschessen, die in Anchorage auf sie warteten. Im Kurs hatten sie gelernt, dass ein überhasteter Abstieg niemals ratsam ist, aber es scheint, dass sich diese Grundregel weder bei den Studierenden noch bei den beiden Dozenten an diesem Tag durchgesetzt hatte.

Für mich war der 29. Juni ideal für einen späten Ausflug in den Chugach State Park bei strahlendem Sonnenschein, nur wenige Minuten von meinem Haus am Little Rabbit Creek entfernt. Ich fuhr zum Prospect Heights Trailhead, parkte, schulterte einen Tagesrucksack mit einer Packung

M&Ms und einer Wasserflasche und machte mich auf den Weg zum O'Malley Peak, ein paar Kilometer nördlich des Ptarmigan Peaks. Meine Route führte zufällig unter dem Luftweg entlang, der vom Fuß des Ptarmigan Peak Couloirs zu den Hubschrauberlandeplätzen der großen Krankenhäuser von Anchorage führt.

Meine Freude an einem perfekt sonnigen Alaska-Sommerabend wurde bald durch den Anblick und das Geräusch von Hubschraubern über mir unterbrochen. Sie gehörten zur Rettungsstaffel der Alaska National Guard, begleitet von einem weiteren Hubschrauber der Alaska State Troopers. Da alle Hubschrauber die Route in Richtung Powerline Pass überquerten, dem kürzesten Weg von Anchorage zur Seward Highway und dem Dorf Portage, vermutete ich, dass es wahrscheinlich zu einem schweren Verkehrsunfall auf der anderen Seite der Berge gekommen war. Das Einzige, was mich verwunderte, war die Anzahl der Hubschrauber. Selbst bei einem schweren Autounfall wird normalerweise nur ein Hubschrauber entsandt.

Am Montagmorgen, dem 30. Juni, landete ein dringender Untersuchungsauftrag auf meinem Schreibtisch. Er kam von der Risikomanagerin der UAA. Ich ließ alles andere fallen und stürzte mich in die Ermittlungen. Da ich die Berge und das Bergsteigen liebe, war ich auch von Angst gepackt, zu lesen, was mit den jungen Frauen und Männern passiert war, die einfach nur ihrer Leidenschaft nachgingen und die „den Segen der Berge" suchten.

248

Ich erhielt von der UAA Risk Management die Genehmigung, einen Hubschrauber zu chartern, um zum Ptarmigan Peak zu fliegen und sowohl die Stelle zu fotografieren, an der die Bergsteiger gestürzt waren, als auch einen Überblick über den Rest des Nordcouloirs zu bekommen. Auf dem Weg zum Hubschrauberlandeplatz in Anchorage machte ich einen Abstecher zu meinem Haus, um mir etwas Bergsteigerausrüstung zu besorgen. Ein weiterer Sachverständiger begleitete mich auf dem Flug. Ich bat den Piloten, uns zuerst zum Gipfel des Ptarmigan zu bringen. Dort schwebte er über dem Gebiet, wo die Studierenden sich entspannt und ihr spätes Mittagsbrot gegessen hatten. Der Wind war ruhig, also sagte er, er könnte den Hubschrauber dort unten absetzen, aber ich sagte ihm, es wäre nützlicher, wenn er ein paar Runden über das Couloir hinunter und hinauf fliegen könnte, um den langen Unfallort zu fotografieren und zu kartieren.

Den Verlauf des Couloirs würde ich mit der riesigsten vorstellbaren Achterbahn in einem grusligen Albtraumthemenpark vergleichen: schmal und von oben steil abfallend, dann sich zuerst nach links und dann nach rechts windend, wobei sie den Felswänden gefährlich nahekommt. Diese Felswände waren ein Durcheinander aus metamorphen und vulkanischen Tuffs, ganz anders als die vertrauteren glatten Granitmonolithen an Orten wie die Eiger-Nordwand in der Schweiz.

Stattdessen bildeten sie ein grausames Set an Reiben und Fleischwölfen. Unterhalb des oberen Abfalls, etwa ein Drittel des Weges den 650 m langen Couloir hinunter, wurde der Hang allmählich etwas flacher. Wenn dieser Couloir eine Skipiste wäre, wäre er im oberen Drittel ein doppelter schwarzer Diamant - nur für Experten, und das nur unter guten Schneebedingungen. Und selbst Draufgänger würden sich vor den Keksausstecher-Felsen am Rande der Abfahrt in Acht nehmen.

Hat die späte Tageszeit dazu beigetragen, dass die Entscheidung getroffen wurde, die zeitraubenden Eispfähle und Schneeankerplatten nicht in den Schnee im oberen Teil des Couloirs zu stecken? Die Gruppe entschied sich stattdessen für etwas, das auf sanfteren Hängen am besten funktioniert. So ging es weiter: Nur ein oder zwei in einer Seilschaft sollten nach vorne gerichtet abklettern, mit frontalen Plunge-Schritten, während der oder die anderen Teammitglieder sich gegen den Schneehang stellen.

Der Schneehang lag nur wenige Zentimeter vor der Nase der Teammitglieder, die versuchten, ihre Eispickel so tief wie möglich in den Schnee zu schlagen, um sich so fest wie möglich festhalten zu können, falls jemand fallen sollte. Und das passierte leider immer wieder. Die Sichernden wurden einfach von ihren fallenden Klassenkameraden nach hinten in die Luft gerissen. Die schlimmste Situation, die man sich vorstellen kann, entstand jedoch, als fallende Kletterer höher oben ihre Seile mit anderen verschränkten, die sich unter ihnen abmühten. Die Seile verhedderten sich gründlich, und die Gruppe verwandelte sich bald in eine Masse aus fuchtelnden Eispickeln und schreienden Frauen und Männern.

Blut auf dem Ptarmigan Peak

Aus dem Hubschrauber sah ich die Furchen im Schnee, wo die panischen Studierenden versucht hatten, sich selbst zu arretieren, nur um aus der Position gezogen zu werden, wenn das Seil straff wurde und sie wieder in die Höhe riss. In der Nähe des Gipfelgrats sah ich nur ein paar Mulden im Schnee, aber je weiter wir hinunterflogen, kamen wir zu einem Abschnitt, wo die Rutschspuren zu einer Felswand führten und sehr weit darunter wieder weitergingen.

Schließlich landete der Pilot auf der Wiese, auf der die Zelte der Bergsteiger am Tag zuvor gestanden hatten. Ich stieg aus dem Hubschrauber, zog meine Stiefel an und griff nach meinem Eispickel. Ich fing an, Stufen in den Schneehang oberhalb der Wiese zu treten, um zu sehen, was ich sonst noch am unteren Berg entdecken konnte. Ich blieb stehen, als ich einen silbernen Reflex neben der Spitze meines rechten Stiefels sah. Es war die Bulova Sportuhr eines Mannes mit einem Edelstahl-Flexband, die die richtige Tageszeit anzeigte. Wer hatte diesen Zeitmesser am Vortag getragen? War er vor dem Sturz ängstlich gewesen? Und welche Naturgewalt riss ihn von seinem Handgelenk? Ich brachte sie zurück, damit sie vom Besitzer beansprucht werden konnte. Oder vielleicht auch nicht.

Am nächsten Tag im Büro war der 1. Juli, und ich begann, über meine Geburtstagsfeier nachzudenken. Ich hatte an diesem Nachmittag vor Monaten einen Flug mit der Alaska Airlines nach Seattle gebucht, dem eine Fahrt nach Lacey in einem Mietwagen folgen sollte. Aber ich hatte wichtige

Arbeit in Anchorage zu erledigen. Ich konnte niemandem im Büro oder an der Universität erzählen, dass ich zu meiner Geburtstagsparty musste.

Ich änderte meinen Flug auf die nächste Nacht - einen Roten-Augen-Flug kurz vor 1 Uhr morgens am 3. Juli. Ich ließ niemanden in Anchorage wissen, was ich tat. Da ich während der Untersuchung größtenteils außer Haus gewesen war, würde niemand wissen, wo ich am Tag vor dem großen Feiertag war. Mit verquollenen Augen fuhr ich in die Einfahrt von Mom und Dad. Der große Kuchen und das Fingerfood standen schon auf dem Tisch. Ich hatte meinen Eltern bereits erzählt, was los war. Das Bett im Gästezimmer war schon mit Laken und einem Kissen bezogen. Ich schlief ein, bis Mom mich weckte, um zu duschen und sich auf die ersten Gäste um 14 Uhr vorzubereiten.

Die Party war ein Erfolg, aber ich fühlte mich in meinem kegelförmigen Partyhut seltsam unwohl, angesichts der Verletzungen und Todesfälle, die meine Gedanken beschäftigten. Nachdem der letzte Gast die Tür hinter sich geschlossen hatte, packte ich meine Geburtstagsgeschenke zusammen und fuhr nach Norden zum Sea-Tac Airport, um einen Abendflug zurück nach Anchorage zu erwischen. Das Büro war am nächsten Tag wegen des Feiertages geschlossen, aber ich ging trotzdem hinein, um zu arbeiten.

Die ersten Ermittlungen wurden mit Befragungen verschiedener Bergsteiger fortgesetzt, die entweder im

Krankenhaus oder nach ihrer Entlassung an anderen Orten durchgeführt wurden. Von all den Geschichten hat mich die eines jungen Mannes am meisten betroffen, dessen Gesicht von mehreren mit Nähten verschlossenen Wunden entstellt war. Er erzählte mir, wie sich das Seil an seinem Sitzgurt straffte und ihn aus seinem Griff an dem Eispickel riss. Da dieser mit einer Schlaufe an seinem Handgelenk befestigt war, flogen er und der Eispickel kopfüber nach hinten und dann kopfunter nach vorne. Er fühlte sich, als wäre er sehr lange in der Luft - aber er wusste, dass er es nicht war. Er war einer der 14 Menschen in einem Haufen aus verhedderten Seilen und Körpern auf den blutverschmierten Schneehängen unterhalb der Felswand. Das Aufschlagen und Abprallen von den Felsen war vielleicht die größte Qual, die er je erlebt hatte. In der Luft zwischen den Aufprallen wünschte er sich nur, dass seine Flugzeit, frei von neuen Aufprallen, nie enden würde.

Der Ort, an dem die stöhnenden Bergsteiger landeten, war ein Gewirr aus High-Tech-Kletterausrüstung, Seilen und blutenden Körpern, von denen sich einige bewegten und zwei nicht. Diese beiden jungen Studenten waren an ihren Verletzungen gestorben. Nur einer der ganzen Bergsteigergruppe hatte so oberflächliche Verletzungen, dass er in der Nacht behandelt und aus dem Krankenhaus entlassen werden konnte. Der Rest wurde entweder in Krankenzimmer oder auf die Intensivstation aufgenommen.

Mein Beitrag zu dieser monumentalen Untersuchung endete, als national anerkannte Autoritäten auf dem Gebiet der Bergrettung eingriffen. Sie kamen vom Denali

Nationalpark, der Feuerwehr von Anchorage und von Berg-
rettungsräten der Lower 48 in Washington und Colorado.
Die Universität beauftragte auch Rechtsberater. Jeder
Schritt, jedes Memo, jedes Gerücht wurde von Anwälten
der Kläger und der Verteidigung unter die Lupe genommen. Es würde noch einige Jahre dauern, bis alle Fälle der
Lebenden und der Toten abgeschlossen sein würden.

Neben dem schrecklichen Tribut an jungen Menschenleben und dem am 29. Juni 1997 gesehenen Blut war ein
weiteres trauriges Opfer der Kurs „AWS 105 Basic Mountaineering", der aus zukünftigen UAA-Katalogen verschwand. Meiner Meinung nach hatten die Studierenden
zwar auf dem Ptarmigan Peak sicherlich Fehler gemacht,
aber sie hatten eine solide Bergsteigerausbildung erhalten
und führten das Gelernte so gut wie möglich aus. Es gab
mit Sicherheit noch andere Fehler, die zu dieser Tragödie
beigetragen haben, aber die Bergsteiger-Ermittler, nicht
ich, würden diese Erkenntnisse präsentieren.

In den Jahren seither haben meine Erfahrungen mit Multip-
ler Sklerose (MS) deutlich gemacht, dass meine Klettertage
vorbei sind. Rückblickend betrachte ich mich als glücklich;
der schlimmste Unfall, den ich jemals erlebte, war doch
nicht arg tragisch. Ich war aus einer Selbstrettung auf steilem
Schnee gestürzt, aber zum Glück gab es unten einen guten
Auslauf, so dass mein Körper einfach zum Stillstand rutschte. Den Grund für den Schmerz entdeckte ich, als ich in
mein linkes Hosenbein griff und mein Zeigefinger in einem

Loch in meinem Oberschenkel verschwand. Mein Eispickel hatte sich glücklicherweise zwischen die Blutgefäße gebohrt, so dass die Wunde ziemlich trocken war. Ein Halt in einer Notfallklinik auf dem Rückweg in die Stadt war die einzige Behandlung, die ich brauchte. Und da sich der Unfall auf einer hoch gelegenen, unberührten Schneedecke ereignete, bestand nur ein geringes Risiko einer bakteriellen Infektion.

Der American Alpine Club (AAC) veröffentlicht jährlich seine angesehene Abhandlung „Accidents in North American Mountaineering" für seine Mitglieder. Die Zusammenfassungen sind brutal, aber zutreffend.

In der AAC-Veröffentlichung von 1998 erschien ein Artikel mit dem Titel in großen Blockbuchstaben:

STURZ AUF SCHNEE, UNMÖGLICHKEIT ZUR SELBSTRETTUNG, UNZULÄNGLICHER SCHUTZ, SCHLECHTE POSITION, UNERFAHRENHEIT, PTARMIGAN PEAK, CHUGACH STATE PARK.

Der schwerfällige Titel ist an sich schon eine ausreichende Zusammenfassung, aber der vollständige Artikel gibt Hunderte von weiteren Details an. Was er jedoch nicht abhandelte, ist die Menschlichkeit derjenigen, die gestürzt sind, und jene der Retter und EMT-Sanitäter, die daran gearbeitet haben, sie zu retten.

Ich hoffe, dass die 12 Überlebenden des Ptarmigan Peak-Unfalls letztendlich wieder in die Berge zurückkehren konnten. Manche Menschen bezeichnen das Bergsteigen so wie vor 150 Jahren die britische Königen Victoria es tat: *Das Bergsteigen ist eine gefährliche Obsession, die verboten werden sollte.* Andere Menschen sehen darin pure Leidenschaft, einen Ausdruck der menschlichen Seele. Der Fotograf Ansel Adams sagte: „In der Wildnis liegt die Bewahrung der Welt". Jeder Bergsteiger mit einer aufgeschlossenen Seele, der die alaskische Wildnis erleben darf, weiß, was Adams damit meinte.

In der Wildnis liegt die Bewahrung der Welt. Junge und nicht-mehr-so-junge Träumer dürfen in den Wildnis-Bergen ihr inneres Sehnen wahrnehmen.

Anhänge

Erster Anhang:

Der Schleimpilz

Im Alter von 18 Jahren wanderte ich mit einer Gruppe von Bergsteigern zum Glacier Peak, dem Vulkan, der dem Areal „Glacier Peak Wilderness" im Bundesstaat Washington seinen Namen gibt. Am Ufer des Suiattle River Trails standen Arkaden von zwanzig Zentimeter hohem Hartriegel, die sich in weißer Blütenpracht in den Unterwuchs der Douglasien verliefen. Der Hartriegel wurde bald zu meinem Favoriten, hatte jedoch Konkurrenz von einer anderen Bergpflanze ähnlicher Größe, die jedoch mit harten, perfekt runden, orange-roten Beeren geschmückt war.

Jahrzehnte später fand ich heraus, dass ich den weißblü-
henden Hartriegel nur im Frühling sah, während ich die
andere rotbeerige Pflanze im August sah. Auf einmal verstand ich die Offensichtliche: Die beiden Pflanzen waren
ein und dasselbe. Dies war eine Lektion fürs Leben, die
mich eine Blume im Wald lehrte: Die Jugend ist schön,
aber sie dauert nicht an. Die Reife, die sie hervorbringt,
besitzt die Möglichkeit, noch besser zu sein.

Die gesetzliche Wildnis untersteht der Gerichtsbarkeit des
U.S. Forest Service (USFS), eine riesige Abteilung der Re-
gierung in der Hauptstadt Washington, DC, das Department der Landwirtschaft, und sie war auch das Ergebnis
des andauernden Krieges zwischen Titanen: Naturschützer
aus Seattle gegen internationale Holzfällerunternehmen
mit Sitzen in Tacoma, Washington und auch Atlanta,
Georgia. Wir Naturschützer wollten, dass das, was wir „die
amerikanischen Alpen" nannten, zum neuen Nationalpark
wurde, der sich von der kanadischen Grenze im Norden
bis zum Stevens Pass im Süden (eine Entfernung von 160
km) erstreckte.

Der Kampf bestand darin, den Forest Service davon ab-
zuhalten, Genehmigungen für den Kahlschlag der uralten
Baumriesen der Bergwildnis zu verkaufen. Der USFS ope-
rierte unter seiner trügerisch harmlos klingenden Doktrin
der „Mehrfachnutzung", die nichts anderes war als eine
Schönfärberei für ihren Plan, Holzverkäufe bis hinauf zu
den Felsen der Cascades-Gipfel zu eröffnen. Holzfäller-
giganten wie die „Weyerhaeuser Timber Corporation"

manipulierten mit Bestechungsgeldern die Planungssitzungen der einfachen Regierungsangestellten des USFS.

In jenen Tagen bereitete sich der USFS vor, Milliarden der alten Baumriesen als ganze Stämme nach Asien oder an nordamerikanische Sägewerke zu verkaufen, die Sperrholz und Bauholz herstellten. Die Betriebe, die solche Produkte herstellten, waren damals nur auf die Aufnahme großer Holzstämme ausgerichtet. Kleine Bäume wurden in die stinkende Chemiesuppe der Zellstofffabriken geleitet, um als weißes Schreibmaschinenpapier herauszukommen.

Die heutige Industrie ist vorangegangen und hat sich auf Dinge wie die Grobspannplatte verlagert. Diese wird international als OSB (vom amerikanischen „Oriented Strand Board") verstanden, und sie kann aus kleinen Bäumen hergestellt werden, insbesondere solchen, die im amerikanischen Süden schnell wachsen, wie z.B. in den Bergen von Georgia und North Carolina, und dort entsteht in der modernen Zeit ein neuer Schauplatz für Naturschutzkämpfe.

Aber zum Leidwesen der Holzgiganten fanden die Bemühungen von Gruppen wie dem „North Cascades Conservation Council" (NCCC) zunehmend öffentliche Zustimmung. Der NCCC wurde von Persönlichkeiten wie dem Schriftsteller Harvey Manning und den großartigen Fotografen Bob und Ira Spring ins Leben gerufen. Schon als 13-jähriger Jugendlicher war ich von dem Kampf gefesselt und beteiligte mich daran, indem ich in meinen Briefen vorgab, viel älter zu sein. Nachdem ich schriftlich und persönlich ausgesagt hatte, musste ich noch bis zur Universität warten, bis der Kongress den Naturschützern mit der Schaffung des 505.000 Hektar großen North Cascades Nationalparks am 2. Oktober 1968 den Sieg bescherte. Ich tanzte an dem Tag in meinem Zimmer im Studentenheim.

Obwohl der North Cascades Nationalpark weniger als die Hälfte dessen umfasste, was der NCCC gefordert hatte, war seine bloße Existenz aus zwei Gründen eine bittere Niederlage für den USFS. Er entzog dem Forstdienst Urwälder, die er für die industrielle Holzeinschlag vorgesehen hatte, und bedeutete, dass er seinem Erzfeind, dem Innenministerium „Department of the Interior", Territorium abtreten musste. Alle Nationalparks gehören zum Innenministerium.

Aber das war nicht das Ende der Geschichte. Der Wille der Bevölkerung setzte sich schließlich in der Kampagne durch, die sie begonnen hatten, um Kettensägen von dem „Juwel der amerikanischen Wildnisalpen", dem Glacier Peak, fernzuhalten. Als Reaktion darauf verlieh der Forest Service der Glacier Peak-Region den neu geschaffenen Sonderstatus „Designated Wilderness". Dies bedeutete zwar, dass der USFS weiterhin das Eigentum an dem Land besaß, aber Holzeinschlag und Kraftfahrzeuge waren verboten. Die Helden aller Naturschutzbewegungen seit dem Anfang im Jahre 1560 mit Izaak Walton in England wären begeistert gewesen von diesem Sieg für Menschen, die der Meinung sind, dass nicht jeder Baum gefällt und zum billigen Kleiderschrank bei IKEA werden sollte.

Der Schleimpilz

Was meine Teilnahme an der Glacier-Peak-Besteigung im Alter von 18 Jahren betrifft, so bestand unsere Seilschaft aus sechs Personen (zwei Seilschaften von jeweils drei Personen für den späteren Gipfelaufstieg). An diesem Tag gehörte zu unserer kleinen Gruppe ein freundlicher Doktor der Botanik an der University of Washington. Er leitete die Abteilung für die Untersuchung von Pflanzen, die zur Entwicklung von Pharmazeutika verwendet werden können. So erzählte er mir zum Beispiel, dass der Fingerhut (Digitalis), den ich an diesem Tag sah, zur Behandlung von Herzkrankheiten verwendet wurde. Er erklärte auch, wie einfach es ist, die Bitterrinde (Cascara) während eines Sommers mit Zeltkettenraupenbefall zu erkennen. Diese kleinen Krabbeltiere meiden diesen Baum aus dem gleichen Grund, aus dem Menschen seine Rinde haben wollen. Es ist ein Mittel gegen Verstopfung, allerdings eines, das Raupen tödlichen Durchfall bescheren kann.

Der Star dieses Weges war jedoch an diesem Tag der Schleimpilz (Myxomyzet). Leicht zu übersehen, schien er eine Art schleimiger Flaum oder vielleicht ein Tropfen schimmliger Pfannkuchenteig zu sein. Ich war überrascht, zu erfahren, dass Schleimpilze weit verbreitet sind. Dieser ehrwürdige Botaniker erklärte, wie taxonomisch schwierig sie seien, da sie sich nicht sauber in das Pflanzen- oder Tierreich einordnen ließen. Mit anderen Worten, sie könnten über einen hinwegkriechen und einen fressen, wenn man schrecklich langsam oder schrecklich tot wäre, vorausgesetzt, man schmeckte stark nach ihrem bevorzugten Futter, Haferbrei. Und wenn sie sich nicht in der tierähnlichen Phase ihres Lebens befanden, konnten sie aussehen wie nichts anderes als der Inhalt einer Supermarkttüte vom „Frischen Frühlingssalat" fünf Wochen nach dem Verfallsdatum.

Als ich damals am Suiattle River Trail entlangwanderte, hatte die globale Forschung an Schleimpilzen gerade erst an Universitäten in Japan und Frankreich begonnen. Botaniker aus aller Welt wiesen nach, dass Schleimpilze prominente Beispiele für Organismen sind, die die Grenze zwischen Pflanzen und Tieren nicht erkennen, wie sie es eben tun sollten. Als Einsteins der Pflanzen-Tier-Gruppe können die Schleimpilze logisch denken, und diese Tatsache ist eine verblüffende Besonderheit angesichts ihres fehlenden Gehirns.

Dieselbe Frage, wie man ohne Gehirn funktionieren kann, stellte ich mir in Bezug auf meinen Lehrer in der sechsten Klasse, Mr. Moran, an der Mercer Crest Elementary School. Er pflegte die zusätzlichen Kartons mit Milch vom Mittagstisch-Wagen zu stehlen und dachte, dass wir Jungs, die den Milchwagen überwachten, nicht zählen könnten, oder dass Zwölfjährige nicht herausfinden würden, dass bei der Endabrechnung ein paar Einheiten fehlten.

Erinnern Sie sich, als die Hippies der sechziger Jahre sagten, man solle seinen Petunien vorsingen, weil sie von gutem Willen gedeihen? Nun, sie lagen vielleicht gar nicht so falsch. In einem Artikel der „Neuen Zürcher Zeitung" aus dem Jahr 2022 wurden wissenschaftliche Beweise dafür geliefert, dass Bäume unter Stress den drohenden Tod spüren.

Der Schleimpilz

Manche scheinen sich nach anderen ihrer Art zu sehnen. Außerdem kämpfen sie jahrelang tapfer gegen Luft- und Grundwasserverschmutzung, geben aber schließlich einfach auf, ähnlich wie ein 96-Jähriger, der beschließt, nicht mehr zu seinen Dialyse-Terminen zu gehen. Ebenso werden keine Wasser- und Düngemittelmengen diese Bäume wiederbeleben, wenn sie einmal beschlossen haben, dass es kein so schlimmes Schicksal wäre, als Kaminholz zu enden.

Wie ich bereits erklärt habe, können Schleimpilze logische Vorhersagen treffen und den optimalen Weg zum Abendessen finden. Dies ist nicht unbedingt eine gerade Linie, sondern der Weg mit der größten Erfolgswahrscheinlichkeit. Sie könnten den ganzen Körper einer verstorbenen Botanikerin umrunden, um ihr letztes Haferbrei-Frühstück zu verzehren.

Ich würde Republikaner niemals als „Schleimpilze" bezeichnen, denn ich glaube, dass diese kleinen Kerle - die Pilze, nicht die Republikaner - intelligenter sind als die meisten Leute im US-Kongress. Wenn Sie, lieber Leser, hier am Ende meines Buches befürchten, die Machenschaften eines Liberalen zu lesen, ist es wahrscheinlich zu spät, den Kaufpreis zurückzuerhalten. Ich bediene mich jedoch einer Gleichsetzung, indem ich den berühmten amerikanischen Komiker Will Rogers, der 1935 im Absturz eines kleinen Flugzeugs nah an Utqiaġvik Alaska starb, zitiere: „Ich gehöre keiner organisierten politischen Partei an. Ich bin ein Demokrat".

Eine weitere interessante Tatsache, die ich von Botanikern gelernt habe, ist, dass gemäßigte Regenwälder wie ein einziger Organismus funktionieren. Mit anderen Worten, das Moos ist von den anderen Pflanzen abhängig, und die Pilzkörper von den Flechten, die selbst eine symbiotische Partnerschaft verschiedener Organismen darstellen. In den gemäßigten Regenwäldern der Küstenregionen von British Columbia, Washington, Oregon und Südostalaska gibt es mindestens 40 verschiedene Farnarten, und sie sind nur eine der ineinander verwobenen Gruppen botanischer und biologischer Abhängigkeiten.

In diesen Regenwäldern finden Sie auch blasse Springer-schnecken (ja, es gibt tatsächlich eine 15 cm lange Schne-cke ohne Schale, die springen kann, eine Tatsache, die in mir Hitchcock'sche Angst hätte auslösen können, als ich mit 16 im Hoh-Regenwald des Olympic Nationalparks zeltete). Und vergessen Sie nicht den auffallend schönen, stinkenden, aber essbaren Stinkkohl, dessen Blätter in Süd-ost Alaska bis 1.5 m in die Höhe ragen. Wenn Sie Ihre Freundin verlassen wollen, schenken Sie ihr große gelbe Blumen davon. Es wird wahrscheinlich wirksamer sein, als Zwiebeln zu essen oder die Zahnseide zu vergessen.

Direkt über der untersten Strauchschicht des Waldes ge-deihen die Erlen und Rankenahorne. Weiter oben können Sitka-Fichten nach Jahrhunderten Längen von bis zu 60 Metern erreichen. Und dies ist nur der Anfang. Unten auf dem Boden, in der Nähe Ihrer Wanderschuhe, finden Sie auch die bescheidenen Schleimpilze.

Sie alle hängen voneinander ab. Der legendäre Fleckenkauz lebt hoch oben in den Küstenfichten, und zwar nur des-halb, weil dieser Vogel ein Teil der Regenwaldgemeinschaft ist. Jeder, der einen Blick für das Erhabene hat und sich nicht von einem Aktienportfolio ablenken lässt, das Sperrholz- und Papierfirmen enthält, kann im Regenwald Wunder finden. Propagandisten der Weyerhauser Timber Company (Motto: *avarus nothi semper vincere*, lateinisch für „gierige Bastarde gewinnen immer"), werden Ihnen erzählen, dass der periodische Kahlschlag des Regenwaldes den dicht gedrängten Bäumen Platz zum Wachsen gibt.

Aber die Wissenschaft, die bei den Forschern des Unternehmens bleibt und es nie in die Vorstandsetagen der Holzfirmen schafft, zeigt, dass Kahlschlag das Wettersystem verändern und Meeresstürme in die entgegengesetzte Richtung schicken kann. Wenn sich der Regenwald von selbst wieder zu einem lebensfähigen Ökosystem entwickeln könnte, würde dies tausend Jahre dauern. Wiederaufforstung ist eine gute Idee, aber wenn man die Holzfirmen ihre Setzlinge pflanzen lässt, landet man in einer eintönigen Weihnachtsbaumfarm. Keine vielfältigen Drosseln, Bananenschnecken, Adler oder andere Mitglieder der 8.500 Arten von Lebewesen, die in den gemäßigten Regenwäldern des Nordens vorkommen.

Dennoch, noch bevor der letzte Holzlaster den Kahlschlag verlassen hat, hätten die Schleimpilze herausgefunden, dass es keine Zukunft mehr für sie dort gibt, und sie wären zu einer jetzt geschlossenen Rangerstation des USFS gewandert, um zu sehen, ob sie vielleicht etwas Haferbrei finden, der aus einem Küchenschrank verschüttet wurde.

Zweiter Anhang:

M&Ms sind Lebensretter.

M&Ms wurden von einer Süßigkeit inspiriert, die während des Spanischen Bürgerkriegs in die Rationen der Soldaten aufgenommen werden sollte. Am 10. September 1941, kurz vor Kriegsende, entwickelten Forrest Mars und Bruce Murrie eine linsenförmige Schokoladensüßigkeit mit Hartzuckerkruste, die leicht zu transportieren war, und für die die hohen Temperaturen im Frachtraum keine Probleme bereiteten. Dieser ursprüngliche Verkaufsvorteil wurde mit dem Slogan „Schokolade, die im Mund, nicht in der Hand schmilzt" unterstrichen.

Während eines Diktats in der vierten Klasse, als ich

heimlich einige M&Ms in meiner rechten Hand versteckte, während ich mit der linken schrieb (ich bin Linkshän-
der), verfärbte sich meine schwitzige Handfläche rot, grün,
gelb und braun. Millionen von Schülern auf der ganzen
Welt behaupten, dass M&Ms die perfekte Nahrung für
das Gehirn auf dem Schreibtisch, bzw. darunter versteckt,
sind. Aber mir haben sie bei diesem Diktat nicht geholfen.
Frau Geibel diktierte das amerikanische Wort „Theater".
Aber am vergangenen Samstag war ich mit Mom und
einigen anderen Kindern nach Issaquah ins alte Kino gefahren, um „Francis, das sprechende Maultier", zu sehen.
Das alte Gebäude hatte auf der Straßenseite ein riesiges
neonbeleuchtetes Schild mit dem britisch-englischen Wort
„Theatre" darauf. Also buchstabierte ich im Zitat das Wort
T-H-E-A-T-R-E.

Wir tauschten die Papiere zum Benoten aus, und Samantha
markierte mein Wort als falsch. Unmöglich! Im Diktat be-
komme ich immer nur die volle Punktzahl! Ich marschierte
zu Frau Geibels Tisch. Mit brutaler Mitleidlosigkeit intonierte sie: „Geh zurück auf deinen Platz, Kris. Neun von
zehn ist nicht schlecht".

Das einzige andere Mal, dass ich mich so blamierte, war,
als ich tatsächlich einen Fehler machte. Wir hatten eine
Einheit über die Namen von Bewohnern verschiedener
Orte auf der ganzen Welt: New York, *New Yorker*. Texas,
Texaner. Moskau, *Moskauer*. Die Lehrerin brach in pein-
liches Gelächter aus, als sie meine Arbeit benotete. Für
Paris hatte ich geschrieben, was manche Kritiker für richtig
halten würden: *Parasit*.

M&Ms sind Lebensretter.

Die ursprünglichen M&Ms enthielten angeblich auch die Farbe Lila. Ich habe nie eine davon gesehen, daher halte ich diese Information für apokryph. Im Alten Testament wird die Nahrung, die den Israeliten auf ihrer Wüstenwanderung jeden Morgen auf mysteriöse Weise erschien, als „Manna" bezeichnet. Dieses sechstägige Wunder bot perfekte Nahrung, vielleicht sogar besser als das „Wonder Bread", das weiße Toastbrot meiner Kindheit, dessen Werbung behauptete, es „baue auf zwölf Arten einen starken Körper auf".

Einige amerikanische fundamentalistische Christen haben ihre Kirchen nach diesem biblischen Wundernahrungsmittel benannt, mit Namen wie „Bread of Heaven Chapel". Ich weiß nicht, wie gut das Manna in biblischen Zeiten war, aber ich vermute, es schmeckte nicht wie M&Ms, denn die Bibel erzählt uns, dass die Israeliten es satt bekamen. Wie könnte jemand jemals von M&Ms die Nase voll haben?

Die folgende Geschichte eines Wunders ist nicht biblisch und handelt auch nicht von einer Schokoladensüßigkeit mit Hartzuckerkruste, sondern von etwas sehr Ähnlichem. Ich bestieg den Mount Adams (ein 3.743 Meter hoher Schichtvulkan im Süden des US-Bundesstaates Washington) zum ersten Mal mit 15 Jahren. Ich hatte noch nicht gelernt, wie wichtig es ist, ständig zu essen, wenn man stundenlang im Kalten und in großer Höhe auf Bergschnee Kalorien verbrennt. Ein rauer Wind blies so stark, dass es schwer war, zu hören, was die anderen sagten. Die Anstrengung in dem verringerten Sauerstoffgehalt und dem verminderten Luftdruck der Höhen führt zu Schwäche, Übelkeit und Zittern. In extremen Höhenlagen wie am Mount Denali oder Everest wird diese Bergkrankheit zu dem oft tödlichen Husten und dem Ertrinkungsgefühl des Höhenlungennoden.

Auf dem Adams war ich der Jüngste in unserer Klettergruppe. Wir stiegen mit Steigeisen im Eis hoch zum falschen Gipfel, wo wir unsere Rucksäcke für eine Pause abwarfen. Einer unserer Teilnehmer war Arzt, der gesehen hatte, wie ich gestolpert war. Er griff in seinen Erste-Hilfe-Kasten und holte ein Paket mit in Folie verpackten Glukoseplättchen heraus. Er winkte mir zu, herüberzukommen, aber ich war in diesem Moment so schwach, dass ich auf Händen und Knien über die Vulkanschlacke und das Eis kriechen musste, um ihn zu erreichen. Er reichte mir mehrere Stücke dieses echten Schmelz-im-Mund-Zuckers. Mit einem anschließenden Schluck aus meiner Wasserflasche geschah ein Wunder. Ein Hitzeschwall durchströmte meinen Körperkern und erreichte zuerst meinen Kopf und mein Gesicht, dann meine Hände und schließlich meine Beine und Füße. Letztere waren taub geworden, weil die Metallsteigeisen die Kälte des Eises auf meine Stiefel übertragen hatten. Meine Zehen waren die letzten, die sich aufwärmten, aber der Glukose-Schub hatte es mir ermöglicht, weiter zum Gipfel zu gehen.

Danach konnte ich Glukose in medizinischer Qualität im Supermarkt nicht finden, aber ich kannte bereits ihren nahen Verwandten. Wenn der Körper nach Glukose-Zucker verlangt, können M&Ms einen ähnlichen Kick wie Äther im Vergaser erzeugen, nachdem eine Umwandlung im Magen die Saccharose in Glukose und Fruktose umwandelte.

Jahre später war ich zwar älter, aber nicht klüger durch die Vaterschaft – und dieses Detail ist für diese Geschichte wichtig, weil ich noch nichts über den Stoffwechsel kleiner Jungen wusste. Mein Wanderfreund Bill Eldridge wollte seine beiden Söhne David (12 Jahre alt) und Matt (7 Jahre alt) auf eine Übernachtungswanderung auf einem Abschnitt des Wonderland Trails am Mount Rainier mitnehmen, einem Teilstück der legendären Umrundung dieses großen Vulkans im Pazifischen Nordwesten und all seiner 26 Gletscher.

Bill sollte einen riesigen Rucksack mit Zelt, Essen und anderer Ausrüstung tragen, während seine Söhne mit fast leeren Rucksäcken davonkamen, die viel zu groß für ihre jungen Körper waren. Ich hingegen hatte in meinem Schönhofen-Rucksack mit Innenrahmen einen schicken MSR-Kocher und mein Omnipotent, ein Bergsteigerzelt, das damals das beste und leichteste seiner Art war.

Am ersten Tag starteten wir am Box Canyon Trailhead und machten uns auf den Weg zum Indian Bar. Für Kinder jeden Alters sind Pausen eines der Highlights beim Wandern. Nach einer langen Stunde Wanderung ließen wir uns auf ein paar Felsbrocken in der Nähe des Weges nieder und schlüpften aus unseren Rucksäcken. Ich wusste, dass ein Backpacker oder Bergsteiger in fast jeder Tasche Snacks haben sollte. Diesmal jedoch, da ich nicht so viele Kalorien verbrennen würde, entschied ich mich für nur eine Snack-Dekadenz zusätzlich zu den Mahlzeiten für diese zweitägige Tour. Ich kaufte die größte Tüte M&Ms, die der Supermarkt hatte. Wenn ich mich zurückhalten würde, hätte ich wahrscheinlich noch eine Handvoll übrig, wenn wir zum Bratpfannen-Creek Trailhead abstiegen.

Während dieser Pause riss ich also die Ecke der M&Ms-Tüte ab. Zwei Paar junge Augen brannten sich laserartig auf die M&Ms. David und Mathew intonierten im Chor: „Herr Erickson, dürfen wir welche davon haben?" „Na, sicher", sagte ich, reichte ihnen die Tüte und wandte mich an Bill, um den weiteren Weg zu besprechen. Wenn ich es besser gewusst hätte, hätte ich gesagt: „Natürlich. Haltet eure Hände hin", und dann jedem Jungen einen kleinen Haufen in die Hände geschüttelt.

Es war Zeit, unsere Rucksäcke wieder auf die Schultern zu nehmen. Ich suchte nach den M&Ms, um die Tüte wieder in meinen Rucksack zu stecken. Sie war nicht da, weil David und Matt noch am Schmausen waren. Diese Knabbermaschinen hatten die vorher prall gefüllte Tüte so aussehen lassen, als hätte sie eine jahrelange Abmagerungskur gemacht. Ich war zu überrascht von dem, was die kleinen Münder in diesen zehn Minuten geschafft hatten, um mich zu fragen, ob sie unter dem Einfluss einer Zuckerüberdosis abheben oder einfach nur kotzen würden.

Die Tour verlief danach gut. Es war ein großer Spaß bei perfektem Wetter, und ich musste mir keine Sorgen machen, dass ich in Versuchung geriet, zu viele weitere M&Ms zu essen.

M&Ms sind Lebensretter.

David und Matt Eldridge am Cape Alava im Pazifischen Küstenstreifen von Olympic Nationalpark, fotografiert von ihrem Vater Bill Eldridge.

Nachwort

Ich bat Matt, der mir dieses Foto gab, die M&Ms-Ge-
schichte auf Richtigkeit zu überprüfen. Heute lebt er mit
seiner Frau in der Nähe von Black Diamond, Washington,
unweit des Mount Rainier Nationalpark. Leider haben sowohl David als auch der Vater der Jungen, Bill, diese Erde
bereits verlassen und sind in ein Reich weit jenseits der Berge gegangen. Aber vielleicht werden wir, wenn Matt und
ich uns ihnen eines Tages anschließen, alle gemeinsam ein
paar Manna-M&Ms teilen.

Dankesworte

In den letzten fünf Jahrzehnten haben Hunderte von Menschen gesagt, ich müsse Bücher über die Abenteuer schreiben, in die ich hineingestolpert bin. Mein Dank gilt jedem Einzelnen von euch, der mich zum Schreiben ermutigt hat. Hier sind ein paar Rufe an Menschen, die direkt an diesem neuesten Buch gearbeitet haben:

Seraina Schöpfer lebt in Zürich. Für mich ist Deutsch die Lieblingssprache, aber sie bleibt eine Fremdsprache, und deswegen suchte ich für dieses Buch die Hilfe einer Expertin. Dabei habe ich eine sehr nette Person kennengelernt. Ich beziehe seit langer Zeit die „Neue Zürcher Zeitung" online, und es ist mir dabei in letzter Zeit zur lieben Gewohnheit geworden, Woche für Woche Serainas Kolumnen zu lesen. Und ich kam auch fast ins Staunen, als sie in einem Artikel über unsere alaskische Yup'ik Eskimo Sprache schrieb. Daraufhin habe ich sie gefragt, ob sie eventuell an diesem Buchprojekt beteiligt sein wollte. Meine Freude war fast unbegrenzt, als sie nach kurzem Überlegen antwortete: „Ich bin an Bord".

 Ursula Maria Ewald kennt Alaska und den Westen Kanadas so gut wie wenig andere Europäer. Sie lebt in der Bierstadt Radeberg. Sie ist Pädagogin und Schriftstellerin, und sie beherrscht nicht nur Deutsch, sondern auch Englisch. Ich bin froh, dass sie Teil unseres Teams ist. Ich gebe aber zu, dass ich mich, als ich ihre vielen Korrekturen las, fühlte, als wäre ich 17 Jahre alt und wieder in der Deutschklasse an der Issaquah High School (Issaquah ist ein Vorort Seattles). Danke sehr, Frau Ewald!

Evan Erickson, mein Sohn, ist ein Rundfunkjournalist, Reporter und Freiberufler, der seinem Handwerk von Peking über Yangon, Myanmar, bis nach Tiflis, Georgien, nachgegangen ist; und jetzt ist er an einem anderen exotischen Ort, Bethel, Alaska. Evans Fernweh und Abenteuerlust haben ihn von der Wohltätigkeitsarbeit in Thailand über die kommerzielle Fischerei in den Gewässern Alaskas bis hin zum Klettern in China und Trekking in den Himalaya-Vorlanden Indiens geführt. Evan hat Tausende und Abertausende von Seiten akademischer Texte von chinesischen Doktoranden redigiert, die ihre Werke in gutem Englisch sehen wollten, und auch meine Schrift hat von seiner Genauigkeit profitiert, für die ich ihm außerordentlich dankbar bin.

Marc Heriot begann mit knapp 20 Jahren als Fotograf und Grafiker bei mir in der Community Chapel Publications zu arbeiten. Während seiner Karriere in der Leitung von Grafikern und Printmedien für das Bellevue College und dann als analytischer Projektmanager bei KPMG, hat Marc seine Vielseitigkeit unter Beweis gestellt. Außerdem ist er außerordentlich freundlich. Sie sehen seinen Namen als Designer des Covers, aber zusätzlich haben er und seine Frau Diane textliche Bearbeitungen vorgenommen, die das englische Buch als auch diese deutsche Auffassung der Fertigstellung nähergebracht haben.

Barbara Richard lebt in Star, Idaho. Ich sah Barb zum ersten Mal im Oktober 1965 auf einer Konferenz der

Studentenregierung der PLU im Speisesaal. Als ich sie sprechen hörte, war ich sofort von dieser talentierten jungen Frau fasziniert. Wir kennen uns seitdem. Barb hat in Krankenpflege promoviert und in ihrer bewegten Karriere anderen das mitfühlende Pflegen von alleinerziehenden Müttern und ihren Kindern beigebracht. Barb weiß, was gut ist, sie weiß, was praktisch ist, und sie weiß, was freundlich ist. Und dieses Buch hat von ihren Kommentaren profitiert.

Matt Eldridge liebt die Berge genauso wie ich, und das sagt viel aus. Und in alpinen Wiesen weiß er, wie man zwischen den winzigen alpinen Lawinenlilien und Lawinenrehe-Lilien (beide weiß) und den Gletscherlilien (gelb) unterscheidet. Matt ist der jüngere Bruder in der M&Ms-Geschichte, die Sie gerade gelesen haben. Es ist mir eine Ehre, Matt sowohl als Inspiration als auch als Textbeiträger für dieses Buch zu kennen.

Mein Alaskatraum unter einem Oktobermond

www.ingramcontent.com/pod-product-compliance
Lightning Source LLC
Chambersburg PA
CBHW051944090426
42741CB00008B/1261